돌봄, 동기화, 자유

Authorized translation from the Japanese language edition, entitled
《シリーズ ケアをひらく》シンクロと自由
ISBN 978-4-260-05051-7
著: 村瀬 孝生
published by IGAKU-SHOIN LTD., TOKYO Copyright © 2022.
All Rights Reserved. No part of this book may be reproduced or transmitted in
any form or by any means, electronic or mechanical, including photocopying,
recording or by any information storage retrieval system, without permission from
IGAKU-SHOIN LTD. Korean language edition published by Dadalibro © 2024.

돌봄,

동기화,

자유

자유를
빼앗지 않는 돌봄이
가능할까

무라세 다카오 지음 | 김영현 옮김

다다
서재

'활짝 열린 문'으로 들어서면

| **장면 ①** | 외진 논밭 한가운데의 낡은 단층 건물. 현관문에는 커다란 자물쇠, 각 방에도 자물쇠가 달려 있다. 노인들에게 자물쇠를 열고 잠그는 결정권은 없다. 오랜만에 만난 할아버지에게서 '할아버지다운' 모습은 전혀 찾아볼 수 없었다.

| **장면 ②** | 어느 가정집 같은 공간 한구석의 침대에 당장이라도 숨을 멈출 듯한 100세 노인이 누워 있다. 그 주위에서는 다른 노인들이 담소를 나누고 식사를 한다. 치료를 원치 않고 자연스럽게 마지막을 맞이하길 원했던 노인은 가족과 다른 이들이 지켜보는 가운데 '그답게' 눈을 감는다. 노인이 눈을 감은 직후 한 노인이 하모니카를 꺼내 연주하며 추모한다.

장면 ①은 요양원에 들어간 내 할아버지를 처음 보았던 날의 풍경이다. 내 조부모는 요양원에서 지내다 돌아가셨다. 장면 ②는 후쿠오카의 노인요양시설 '요리아이의 숲よりあいの森'에서 있었던 일로 NHK가 제작한 다큐멘터리 「요리아이의 숲: 노화를 따르다」의 한 장면이다.

사람이 '나답게' 늙고 죽으려면 무엇이 필요할까? 그것을 가능하게 하는 돌봄이란 무엇일까?

후쿠오카에는 운영 주체가 같은 '택로소宅老所 요리아이' '제2택로소 요리아이' '요리아이의 숲'이라는 노인요양시설들이 존재한다. 1991년 시설들에 거부당해 갈 곳을 잃은 한 노인을 위해 사찰의 작은 방을 빌리는 것으로 시작된 '요리아이'는 홈페이지yoriainomori.com에 다음과 같은 이념을 내걸고 있다.

"음식을 맛있게 먹고 싶다. 환자식이 아니라 흔한 집밥을 평범하게 먹고 싶다. 혼자서 쓸쓸하게 먹는 게 아니라 많은 사람들과 시끌벅적하게 먹고 싶다. 기저귀에 싸기는 싫다. 대소변은 화장실에서 스스로 시원하게 보고 싶다. 부탁하지도 않은 재활은 하기 싫다. 누군가 맘대로 만든 일정표 때문에 내 생활 리듬이 흐트러지는 게 싫다. 그보다는 낮잠을 즐기고 싶다. 입 안 가득 과자를 먹고 싶다. 옛날이야기를 주고받다가 날씨가 좋으면 훌쩍 나가서 계절의 흐름을 느끼고 싶다.

그리고 가능하다면, 익숙한 동네에서 마지막까지 나답게 살고 싶다. 모르는 장소에서 쓸쓸하게 죽기보다 낯익은 사람들이 많아 안심할 수 있는 곳에서 평온하게 눈을 감고 싶다.

만약 '요리아이'에 이념이라고 부를 만한 것이 있다면, 이처럼 당연한 바람과 생활을 '가능한 지원하는 것'이겠습니다. 우리는 고령자를 부담스러운 짐처럼 여기지 않습니다. 격리하지 않습니다. 구속하지 않습니다. 약에 찌들게 하지 않습니다. 노화의 시간과 리듬에 어우러지며 고립되기 쉬운 어르신 및 그 가족들과 함께합니다."

흔히 돌봄과 자유는 공존하기 어렵다고들 한다. 어린아이든, 장애인이든, 환자든, 고령자든, 돌봄이란 돌보는 사람이 자신의 자유를 어느 정도 희생해서 돌봄받는 사람의 자유를 어느 정도 침해하며 이뤄진다고 말이다. 우리는 자유를 빼앗기기 때문에 돌봄을 하고 싶지 않은 일로 꺼리는지도 모른다. 그리고 돌봄은 자유를 제한하며 이뤄질 수밖에 없기 때문에 장애인과 고령자가 시설에서 따로 사는 게 어쩔 수 없는 일이라고 생각하는지도 모른다.

'요리아이'는 이러한 통념에 정면으로 맞서는 곳이다. 고령자의 '자유'와 '그 사람다운 생활'을 가장 우선하는 그곳을 상징하는 것은 바로 '활짝 열린 문'이다. '요리아이'에서 생활하는 고령자는 자신이 원하면 밖으로 나갈 수 있다. 고령자가 밖에 나가면 직원은 그 뒤를 따른다. 설령 고령자가 5분 만에 목적지를 잊어버린다 해도. 때로는 고령자가 밖에 나간 것을 직원이 눈치채지 못하기도 한다. 당황스러운 일이지만 큰 사고는 없었다고 한다. 왜냐하면 근처 주민들이 홀로 헤매는 고령자를 발견하면 '요리아이'로 연락을 주니까. 그런 연락 체계를 만든 것도 '요리아이'의 직원들이다. '활짝 열린 문'은 인지장애가 있는 고령자를 향한 편견, 돌봄과 자유는 공존할 수 없다는 선입견에 맞서는 새로운 돌봄을 상징한다.

'요리아이'의 총괄소장인 무라세 다카오는 수십 년 경험을 바탕으로 '자유를 빼앗지 않는 돌봄, 자유를 뺏기지 않는 돌봄'이 가능할지 이 책에 담았다. 나아가 노화를 바라보는 관점의 전복, 늙은 몸과 정신의 불가사의한 활력, 돌봄을 주고받는 사람 사이의 상호 작용, 이론에 담기 어려운 돌봄의 본질까지 이야기한다.

일단 책장을 펼쳤다면, 상식이라 믿는 것을 내려놓고 이 책과 '동기화'해보기를 바란다. 그러면 지금껏 경험한 적 없는 '자유'를 느낄 수 있을 것이다.

2024년 2월
김영현

옮긴이의 말

시간의 흐름이 너무 빨라 따라갈 수가 없습니다. 거리의 풍경도 빠르게 바뀌어서 정신이 없습니다. 현기증이 일어날 만큼 시대와 상황이 급변하니 의지가지없는 신세가 된 것 같습니다.

그런 제가 지금까지 살아올 수 있었던 것은 노인 돌봄을 해왔기 때문입니다. 전혀 과장하지 않고, 정말로 그렇게 생각합니다.

나이를 먹은 어르신들은 천천히 움직입니다. 배설도 원활하지 않습니다. 잠자는 시간도 늘어납니다. 사람이 쇠락하는 시간과 함께하는 일은 헛수고일 뿐이라고 생각했습니다. 하지만 '끝없는 성장'만 추구하여 경제에 집착하는 사회와는 정반대되는 세계가 어르신들에게 있었습니다.

어르신 한 사람 한 사람의 상황을 그때그때 맞춰서 조율하는 동안, 오히려 그들을 돌보는 제가 돌봄을 받고 있다는 것을 깨달았습니다.

반신마비인 하나 씨는 앉고 서는 것도 하지 못하면서 제 몸을 씻겨주려 합니다.

기미에 씨는 자신이 먹다 흘린 음식을 제게 먹여주려 합니다.

정처 없이 이리저리 배회하던 요시오 씨는 따라다니는 제게 "자네는 어디를 가고 싶은 겐가?"라며 걱정해줍니다.

어르신들의 그러한 배려를 우리 사회는 눈치채지 못하고 있습니다. 너무나 빠르게 일어나는 변화 속에서 '보이지 않는 것'이라고 생각합니다. 그런 상태가 일상이 되며 '보려고 하지 않게 된 것'은 아닐까요. 인지저하증의 증상만 잘 보이고, 당사자는 보이지 않게 된 것 같습니다.

그렇게 생각해보면 자신의 자리와 시간을 잃어버린 것은 인지저하증에 걸린 어르신이 아니라 우리 같습니다. 오늘날, 우리가 적극적으로 '보는 것'은 언어와 숫자로 가시화할 수 있어 '이해하고 제어하기 쉬운 것'뿐입니다. 그래서 바로 지금, 사회는 더욱 효율적으로 돌봄을 하라고 요구하고 있습니다.

만사를 객관적으로 바라보며 끝없이 정교한 올바름을 추구하는 세계에서 '나'의 주관 따위는 아무런 쓸모가 없습니다. 정확한 데이터를 근거로 드는 방법론에 '나'의 느낌은 전혀 필요 없지요. 하물며 '나'의 생각 따위 장해물일 뿐입니다. 그렇게 '나'는 점점 사라져갑니다.

그렇지만 어르신들의 세계에는 '나'의 느낌이 흘러넘칩니다. '나'의 주관끼리 서로 부딪칩니다. 그곳에는 구령에 맞춰 '우향우'를 하지 못하는 '나'가 잔뜩 있습니다.

어르신 한 사람 한 사람의 느낌에 내 느낌을 동기화하는 것이 재미있게 느껴졌습니다. 두 사람의 '나'가 가진 느낌이 서로 얽히면서 생활이 만들어졌습니다. 어르신들도 생생한 느낌을 주고받으면서 저를 한 사람의 인간으로 받아들였다고 생각합니다.

저는 하나의 행위를 둘이서 해내기 위해 어르신들과 동기화하려는 노력을 계속해왔습니다. 하지만 그와 동시에 의도적으로 동기화를 목표할수록 내가 어르신을 지배하려는 것은 아닐까 하는 의문도 싹트기 시작했지요. 동기화를 하면 일상생활의 부자유에서 벗어날 수 있지만, 무언가에 구속되어서 자유를 잃어버리는 것 같기도 했습니다.

오히려 어르신과 제대로 동기화할 수 없을 때, 더 이상 손쓸 수단이 없어졌을 때야말로 자유롭게 해방되었습니다. 그런 느낌이 들기 시작했습니다. 어르신과 나, 두 사람의 '바람'이 성취되지 않을 때, 그 너머에서 '해주다'와 '받다'를 뛰어넘어 서로 돌보는 상황이 태어나는지도 모릅니다.

동기화가 어긋날 때마다 두 사람은 심기일전하여 처음부터 다시 시작합니다. 우리는 감각을 맞추고, 느낌을 교환하면서, 합의하기를 포기하지 않습니다. 한 사람 한 사람이 느낌을 말로 표현하고, 타인에게 전하기를 포기하지 않습니다. 사람이 살아가는 데 필수적인 행위를 멈출 수는 없기 때문에 우리는 동기화를 거듭하고 새로이 합의하는 수밖에 없습니다.

끝없이 반복되는 이 과정에서 '나'는 '두 사람의 나'가 되고, 나아가 '우리'가 나타납니다. 내가 있을 자리는 그렇게 만들어진다고 생각합니다.

이 책에는 개인의 느낌과 주관이 가득합니다. 그 느낌과 주관에서 비롯된 생각으로 이루어져 있습니다. 그래서 이 책이 당장 내일부터 해야 하는 돌봄에 도움이 되지는 않을 것입니다. 근거를 중시하는 시대에 역행하는 책이겠지요. 그렇지만 저는 생각합니다. 잘 이해할 수 없는 것이 있어도 좋지 않을까, 이해하지 못한 채 함께 노력하는 시도가 있어도 좋지 않을까라고요.

차례

2부 동기화가 어긋나면 자유로워진다

일러두기

1. 저자가 소장으로 있는 후쿠오카의 노인돌봄시설 '요리아이'는 1991년 문을 연 이래 지역 밀착형 돌봄을 표방하고 있으며 현재는 주간돌봄센터인 '택로소(宅老所) 요리아이' '제2택로소 요리아이'와 특별양호노인홈 '요리아이의 숲'이 운영되고 있다. 참고로 일본어 '요리아이'는 '한데 모임'이라는 뜻이다.

2. '치매(癡呆)'라는 용어는 '어리석고 어리석다'는 의미로 해당 장애의 특징을 온전히 담아내지 못하며 당사자에게 차별적이라는 비판을 받아왔다. '치매'를 사용하던 한자문화권 국가들에도 비슷한 문제의식이 있었고, 2000년대 들어 대만은 '실지증(失智症), 일본은 '인지증(認知症)', 중국과 홍콩은 '뇌퇴화증(腦退化症)'으로 명칭을 바꾸었다. 한국에서도 여러 차례 법률을 개정하여 '인지장애증' '인지저하증' 등으로 변경하려 했으나 매번 보류되었다. 이 책에서는 '치매' 대신 '인지저하증'이라는 용어를 사용한다.

3. 외래어는 국립국어원 외래어 표기법을 준수하되, 일부는 일상에서 널리 쓰이는 표기를 따랐다.

4. 본문에 언급되는 도서 중 한국에 번역 출간된 도서는 한국어판 서지 정보를 수록했다.

1부

자유롭지 않은 몸끼리 동기화하다

마음대로 되지 않는다

1

이론과 육성

집에 놔둔 분재는…

나는 스물세 살에 사회인이 되었다. 첫 직장은 특별양호노
인홈特別養護老人ホーム*이었다. 어느 날, 아무것도 모르는 신출내
기인 내게 상사는 어느 할아버지를 곁에서 시중들라고 지시
했다.

할아버지의 등에는 커다란 혹이 있었다. 변형된 등뼈 때문
에 할아버지는 항상 절을 하는 듯했다. 입에 마비가 와서 마
음대로 말을 하지 못했다. 나는 필사적으로 이야기하는 할아
버지의 말보다 입술 끝에 고인 침방울에 정신이 팔렸다.

---

* 중증 질환 등으로 가정에서 생활이 불가능해진 고령자가 입주하여 생활하는 요양시설.
입주 자격이 까다롭지만 비교적 저렴하게 이용할 수 있다.

할아버지는 텅 비어버린 자신의 집이 걱정되어 어쩔 줄 몰랐다. 정원에 분재들이 방치되어 있다고, 분재들에 물을 주고 싶어서 안절부절못했다. 할아버지는 수시로 사무실에 찾아와 "집에 가고 싶어."라고 간청했다. 그 끈기에 두 손을 든 주임의 지시로 나는 할아버지를 따라 집에 다녀오게 되었다.

물을 주러 간다 했지만 할아버지가 입소하고 벌써 수년이 지나 있었다. 분재들이 살아 있을 것 같지는 않았다. 따라가는 의미가 있을까. 이 역시 일이라고 스스로를 납득시키며 차를 몰았다.

국도 곁에 자리한 집은 배기가스와 먼지로 뒤덮여 있었다. 할아버지를 따라 정원에 들어갔는데, 놀랍게도 분재들은 살아 있었다. 차광망 아래의 분재들은 모두 싱싱했다. 할아버지가 수도꼭지에 호스를 연결하고 타이머를 맞춰 정기적으로 물이 나오게 해두었던 것이다. 분재들이 한참 전에 말라 죽었을 것이라고 단정했던 나는 할 말을 잃었다.

시설에 입주한 어르신들의 집에 방문하는 건 자주 있는 일이다. 사람이 살았던 흔적을 그대로 간직한 집은 주인을 잃고 망연자실하는 것처럼 보인다. 주간돌봄센터에 방문한 날을 기록한 메모지. 비상시 연락처. 팩스 사용법. 화장실의 위치를 가리키는 화살표. 쓰레기 버리는 요일을 강조하는 빨간색

글씨. 손주가 보낸 그림엽서. 생일을 축하하는 메시지. 혼자 생활하는 부모를 걱정하는 가족들의 마음이 벽에 가득하다.

실내를 둘러보면 이 사람이 어떻게 나이 들었는지, 어떻게 생활해왔는지가 눈앞에 떠오른다. 베란다에 놓인 빛바랜 등나무 의자. 임시방편으로 설치한 듯한 난간. 책장 구석에 혼자 서 있는 세 발 지팡이. 복도 한구석에 먼지를 뒤집어쓰고 있는 휠체어. 침대 옆에 휴대용 화장실이 있었구나 짐작하게 하는 오줌인 듯한 얼룩.

집에는 이곳에서 살았던 사람의 생활이 새겨져 있다. 집이라는 공간에 그 사람이 살아온 시간이 고여 있는 것이다. 그 사람이 어떻게 신체 기능을 잃어버렸는지 집은 가르쳐준다.

쥐어짜낸 큰소리

"아아, 아아."

할아버지가 화를 내듯이 목소리를 높였다. 이웃들에게 인사하겠다고 말을 꺼낸 것이다. 예정에 없던 일이지만 할아버지가 원하는 대로 따라갔다.

"어머, 돌아왔어?"

옆집에 사는 머리가 희끗희끗한 여성이 싹싹하게 말을 걸었다. 이웃을 다시 만나 몹시 감동한 할아버지의 말은 점점 더 알아듣기 어려웠다. 여성은 싱글거리면서 고개를 끄덕일 뿐이었다.

얼추 인사도 전부 하고 돌아가려던 때. 할아버지가 "너…는…도…라…가. 나…는…안, 가."라고 말했다. 할아버지를 두고 돌아갈 수는 없었다. 시설에 돌아가자고 설득해보았지만, 귓등으로도 듣지 않았다.

시간이 흘러갈수록 나는 점점 초조해졌다. 옆집에서 전화를 빌려 사무실에 도움을 요청했다.

"여기도 바빠. 혼자 어떻게든 해봐."

사무실 직원은 단칼에 전화를 끊었다. 그러는 사이에 할아버지는 서둘러 집에 틀어박혔다.

할아버지에게서 내쫓긴 나는 어떡하면 좋을지 몰랐다. 점점 화가 났다. 정색하고 큰소리를 내고 말았다.

"할아버지는, 정원의 분재만 살펴보겠다고 했어요. 그런데 이웃을 돌면서 인사하고, 이제는 아예 집에 남겠다고 하네요. 저와 한 약속을 깨려는 거군요. 알겠습니다. 앞으로는 할아버지와 어떤 약속도 하지 않겠어요. 데리러 오지도 않을 거고요. 그럼 됐죠?"

그건 내가 온몸으로 쥐어짠 살아 있는 육성이었다.

할아버지는 마지못해 집에서 나왔다. 시설로 돌아가는 동안 차 안에 감돌았던 어색한 분위기가 기억난다. 두 사람 다 아무 말도 하지 않았다.

그 뒤로 나는 대인 돌봄에 관한 책을 닥치는 대로 읽었다. 그 책들은 국내외의 앞선 사람들이 자신들의 실천을 일반화하려고 노력한 결과물이었다.

어르신들을 돌보며 공부를 계속하다 보면, 눈이 번쩍 뜨이는 느낌이 들 때가 있었다. 세계와 개념이 일치하는 순간. 실천과 언어가 동기화된다고 하면 될까. 그런 느낌이 들 때마다 내 기술이 향상되고 있는 줄 알았다.

그런 느낌은 때로 나를 '다 안다'는 생각에 사로잡히게 했다. 공부한 지식에 어르신을 끼워 맞춰서 내가 다 이해한다고 생각했다. 그들을 '내려다보는 시선'이 생겨난 것이다. 그런 태도는 어르신들에게 있는 '저항의 불꽃'에 기름을 부었다. '알아주면 좋겠다. 하지만 너무 쉽게 알아서는 안 된다.' 어르신들에게는 그런 감정이 있는 것 같았다.

닥치는 대로 '이론'을 머릿속에 담으면서 '육성'으로 부딪쳐본다. 내게 돌봄이란 그런 방식으로 시작되었다.

2 ———————

통하지 않는 느낌

살려줘! 나를 죽일 거야!

분재 할아버지와 있었던 일은 서장에 불과하다. 명확한 원리는 모르지만, 나도 할아버지의 마음을 이해할 수 있었고, 할아버지 역시 내 입장을 이해해주었다. 서로 말을 주고받으면서 타협할 수 있었다.

그 뒤, 나는 말과 논리가 통하지 않는 세계가 있다는 걸 깨닫게 되었다.

"집에 보내줘요!"

중증의 노혼老昏*이 있는 할머니는 시설이 자신의 거처가 되었다는 사실을 받아들이지 못했다. 자기 집에 너무 돌아가고 싶어서 어떻게든 시설을 빠져나가려고 했다.

그런 할머니를 우리 직원들은 '집에 돌아가고 싶어하는 난처한 사람'으로 바라본다. 돌아가고 싶다는 마음에 공감하기는커녕 관리를 강화하고 감시하는 데 고심했다. 그런 대응이 할머니를 더욱 막다른 길로 몰아세웠을 것이다.

할머니는 "나는 이런 곳에 갇혔어."라고 말하기 시작했다. '여기 사람들은 믿을 수 없어.'라는 듯한 눈빛으로 우리를 보았다. 틈만 있으면 밖으로 나가려 하는 할머니를 우리는 자물쇠가 달린 보호실에 가두었다.

어느 날의 일이다. 청소하려고 창문을 열어두었는데, 할머니가 발을 올리더니 망설이지 않고 뛰어내렸다. 90세가 넘은 몸으로 잘 착지할 수 있을 리 없었다. 할머니는 발코니에 쓰러졌다.

정형외과로 서둘러 이송하려 했지만, 할머니가 강하게 저항했다. 할머니는 내가 공격했기 때문에 발이 아픈 거라고 진심으로 믿었다. 저 남자한테서 도망치지 않으면 더 심한 꼴을

* 일본에서는 '치매' 대신 '인지증'이라는 용어를 사용하지만, 이 책의 저자는 노쇠함에 따라 일어나는 자연스러운 인지장애까지 '인지증'으로 부르며 질병 취급을 하는 것은 옳지 않다고 주장한다. 갓 태어난 아이가 걷지 못하듯이 노쇠하면 인지능력이 저하되는 게 당연하다는 말이다. 그래서 저자는 노인성 인지장애에 관해서는 병에 걸린 것이 아니라 정상이라는 의미로 정신이 흐릿해졌다는 뜻인 '보케(惚け)'라는 단어를 사용한다. 한국어판에서는 그와 유사하게 '늙어서 정신이 흐림'이라는 뜻을 지닌 '노혼'으로 옮겼다.

　　　　　　　　　　　　　　1장 마음대로 되지 않는다

당할 거야. 공포에 사로잡힌 할머니는 스스로를 지키기 위해 반격하기 시작했다.

"뭐 하는 게야!"

할머니는 양손을 휘둘러 나를 때렸다. 너무 강한 저항에 쩔쩔매면서도 거의 강제로 차에 태웠다. 그러자 강렬하게 저항하던 할머니가 갑자기 온순해졌다.

"도와주세요. 부탁이니 도와주세요. 이런 늙은이를 유괴해도 땡전 한 푼 얻을 수 없어요. 제발 부탁입니다."

거의 목숨 구걸이었다.

"병원에 가요. 치료받으면 통증도 없어질 거예요."

나는 할머니 편이에요. 이런 메시지를 목소리에 담아봤지만, 할머니의 귀에는 스치지도 않았다.

빨간 신호 때문에 차가 멈추자 사태는 더욱 악화되었다. 옆에 서 있는 오토바이의 중년 여성에게 "살려줘! 이 사람들이 날 죽이려 해요!"라고 소리치며 유리창을 두들기는 게 아닌가. 할머니는 나를 마치 범죄자처럼 대했다.

강렬한 한마디

차가 달리면 목숨 구걸을 했고, 신호등에서 멈추면 "사람

살려! 도와줘요!"라고 외쳤다. 나는 할머니의 목소리를 더 이상 견딜 수 없었다. 먹을 걸 바쳐서 내가 같은 편이라는 사실을 전하려고 편의점에 들러 고기만두를 샀다.

"병원까지 좀더 가야 해요. 이거라도 드세요."

할머니는 고기만두를 손으로 뜯으며 우적우적 먹어치웠다. 이제 나를 같은 편으로 여겨줄까 기대했다. 하지만 할머니는 토해내듯이 말했다.

"이런 걸로 안 속아."

병원에서도 소동은 이어졌지만 치료는 무사히 끝났다. 내기억에는 여기서 끝이다. 돌아가는 길에도 난리법석이었는지, 조용했는지는 생각나지 않는다.

통하지 않는다는 느낌이 들었다.

논리로는 상대할 수 없는 세계가 있었다. 사람을 내 뜻대로 할 수는 없다는 당연한 사실을 알았다.

그리고 나는 더더욱 제어할 수 없는 세계가 있다는 것을 깨닫게 된다.

3 ———————

살아 있는 몸의 한계

한숨도 안 자…

할머니는 의료계에 종사한 적이 있었다. '나는 알츠하이머에 걸린 것 아닐까?'라고 자가 진단을 했다고 한다. 증상이 나타나고 10년이 지나자 시간과 공간을 가늠할 수 없게 되었다. 기억도 불확실해졌고, 말도 점점 잃어버렸다.

원래 잠을 자지 못하는 사람이었다. 가족들은 이런저런 약을 시도해봤지만 전부 효과가 없었다. 결국 향정신성 약물을 처방받게 되었다.

향정신성 약물은 할머니도 가족도 구하지 못했다. 할머니는 푹 잠들지 못했는데, 그렇다고 정신이 또렷하지도 않았다. 비몽사몽간에 걸어 다니는 일이 늘어났고, 걸음걸이도 불안해졌다. 복약 자체도 고생스러웠다. 할머니는 약을 아드득아드득 잘게 씹어버리거나 토해버렸다. 가족이 제대로 약을 먹이려 할수록 다툼이 늘어났다.

가족은 할머니가 약을 복용하는 의미를 알 수 없게 되었다. 주치의와 상담을 거듭하며 복용량을 줄이고 끝내는 약을 끊었다. 약을 먹어 가벼운 수면 상태가 되는 것보다는 할머니의 사람다운 표정을 소중히 여기고 싶었다. 할머니의 분노와 슬픔을 억누르지 않는 쪽을 선택했다.

약을 끊자 '기분 좋지만 잠을 못 자는 날'이 늘어났다. 처음에는 기분이 좋다가도 피곤해지면 언짢아졌다.

이제 문제집은 싫어

"어머, 맛있다."

배가 부른 할머니는 드물게도 기분이 좋았다. 작은 하품을 거듭했고 눈은 게슴츠레했다. 나는 '아아, 이대로 잠들어주었으면.' 하고 진심으로 바랐다. 하지만 시곗바늘은 아직 저녁 8시가 조금 지난 시각을 가리키고 있었다. 잠들기에는 애매한 시간이었다. '빨리 잠들면 빨리 일어날지 몰라. 그것도 싫은데.' 나는 복잡한 심경으로 할머니를 바라보았다.

아니나 다를까 할머니는 잠깐 꾸벅꾸벅한 것에 불과했다. '아차! 깜박 잠들어버렸네!'라고 생각하며 눈을 뜬 모양이었다. 잠에서 깬 할머니는 갑자기 '열혈 교육맘'이 되었다.

"문제집 어디 있니! 얼른 문제집을 가져와! 국어 문제집을 풀어!"

할머니가 시끄럽게 잔소리하듯이 말했다.

"이제 문제집은 싫어."

나도 모르게 그렇게 답했다.

"또 그런 소리나 하고! 너는 맨날 그러지!"

할머니에게는 실인증失認症이 있었다. 눈의 기능에는 이상이 없는데 뇌가 대상물을 인지하지 못했다. 항상 눈의 초점이 맞지 않았다. 그런데 그 눈이 내 눈을 마주 보고 있었다.

대상물을 파악한 할머니는 "애! 그만 말 들어."라고 목소리를 높이며 나를 붙잡으려고 달려들었다.

나는 망설이지 않고 도망쳤다. 그렇다 해도 작은 가정집에 자리한 시설에서 도망칠 만한 곳이 있을 리 없었다. 빼곡한 물건들 사이를 뛰어다니며 세워져 있는 밥상 뒤에 숨었다.

'아드님이 어렸을 때 이런 식으로 혼내신 걸까?' '스파르타식으로 교육하신 건가?'

이런저런 생각이 머릿속을 맴돌았다.

잠들고 싶은 몸, 잠들지 못하는 뇌

할머니는 금세 여느 때처럼 실인증 상태로 돌아간 듯했다. 귀를 기울이고, 발끝으로 앞에 무엇이 있는지 살피면서 걸었다. 나를 찾는 것이다. 한동안 그 상태가 이어졌다.

나를 찾기를 포기했는지, 아니면 나를 찾던 걸 잊어버렸는지, 할머니는 조용히 바닥에 앉았다. 나는 조심조심 얼굴을 내밀고 할머니의 초점 없는 시야에 내 몸이 들어가도록 움직이며 내 존재를 알렸다. 할머니는 나를 눈치챈 듯했지만, 아무 말도 하지 않았다.

그 뒤에도 할머니는 잠들지 않았다. 화장실에 가게 했다. 따뜻한 우유를 드렸다. 전기담요로 몸을 따뜻하게 했다. 양상추에 수면 유도 효과가 있다는 걸 떠올리고 양상추 주스를 만들어 드렸다. 이것저것 시도했지만, 전부 효과가 없었다.

눈은 게슴츠레한데 무언가가 강렬하게 각성되어 있었다. 할머니는 담요 끝을 쥐고 질질 끌면서 천천히 방 안을 걸어 다녔다.

할머니의 몸은 잠들고 싶은 게 분명했다. 그럼에도 불구하고 뇌가 잠들지 못했다. 오래 걸어 지친 탓에 비틀거리면서도 눕지 못했다. 이불 속에 들어가게 했지만, 몇 분 지나지 않아

다시 일어났다.

　나는 선잠도 자지 않고 계속 지켜볼 수밖에 없었다. 일이라고는 해도 견디기 어려웠다. 애초에 나는 수면을 충분히 취하는 사람이라 이런 밤은 무척 힘들었다. 여유가 없어지면, 인간은 무너지기 쉽다. 특히 생리적인 면에서 한계와 맞닥뜨리면 인간은 이상해진다.

리듬에서 허밍, 그리고 소프라노

　오전 2시쯤부터 나는 한계를 느끼기 시작했다. 뿌리쳐도 떨어지지 않는 졸음. 할머니를 재우려는 시도는 번번이 무산되었다. 점점 심해지는 초조함은 내 내면의 위험한 '나'를 눈뜨게 했다. 할머니를 재우기 위해서 지나치게 간섭하는 '나'가 나타난 것이다.

　이럴 때는 할머니와 거리를 두면 된다. 시선을 돌리고, 빨래를 개고, 음악에 귀를 기울이자. 뭐든 상관없으니, 할머니에게 집중하는 오감의 절반을 다른 곳으로 나눠보자.

　그러면 된다고 머리로는 아는데, 그럴 수가 없었다. 일단 여유가 없어지면 할머니를 재우는 데 집착하는 '나'가 나 자신을 완전히 지배해버리는 것이다.

간섭을 받는 할머니는 점점 이상해졌고, 간섭하는 나 역시 점점 이상해졌다.

'사람을 내 뜻대로 할 수는 없다.' 그와 마찬가지다. '나 역시 내 뜻대로 할 수는 없다.' 상냥하게 대하고 싶지만, 상냥해질 수 없다. 느긋하게 대응하고 싶지만, 마음이 조급해진다. 내 속에 숨어 있던 폭력성이 드러날 것 같아서 스스로가 무서워진다.

나는 점점 위험한 영역에 발을 들이고 있었다. 그런 나를 억제한 것은 할머니의 슬픔 가득한 말이었다.

"내게도 아직, 아직, 할 수 있는 일이 있을 거야. 왜… 왜…."

할머니가 훌쩍훌쩍 울기 시작했다. 호흡에 맞춰 훌쩍거리는 콧물. 할머니는 점점 리듬감 있게 훌쩍거렸다. 리듬은 허밍으로 바뀌었고 허밍은 소프라노의 멋진 노랫소리로 변화해갔다.

할머니는 자신의 노랫소리에 힘을 얻었다. 슬퍼하던 표정은 후련해졌고, 간드러지는 목소리로 편안하게 노래를 불렀다. 나는 어안이 벙벙해서 계속 지켜보기만 했다. 겨우 몇 분 동안 벌어진 일은 나를 극적으로 바꾸었다.

이상해진 나 자신에 대한 후회.

할머니에 대한 죄송함.

훌쩍거림에서 소프라노로 변하는 과정에 대한 놀라움.

할머니의 밝아지는 표정에서 느낀 안도.

울다 말고 기운차게 노래하는 할머니를 보고 나오는 웃음.

할머니의 변화에 이끌리듯이 내 속에서 수많은 감정들이 생겨났다. 재우는 데 집착하던 '나'의 지배에서 해방되었다. 그 해방은 내가 예상하지 못한 곳에서 찾아왔다.

불안정하기 그지없는 '나'

할머니의 불면은 괴롭고 슬픈 날이 있는가 하면, 실로 마음 편한 날도 있다. 그날, 바닥에 털썩 주저앉은 할머니는 기분도 좋았다.

할머니는 손에 닿는 천을 입으로 가져가서 송곳니를 이용해 눈 깜짝할 사이에 찢어버렸다. 천이 찢어질 때 느껴지는 감촉과 소리가 기분 좋은 듯했다. 마치 솜씨 좋은 직공 같았다. 그 때문에 이불과 입고 있는 잠옷은 갈기갈기 찢어지고 말았다(헌옷과 이불 커버를 모아서 할머니가 마음껏 찢을 수 있게 드렸다).

천을 찢는 소리는 나도 싫지 않았다. 부지런히 수작업에 몰두하는 할머니. 나는 할머니 옆에 벌렁 드러누워 그 소리를 들었다.

할머니는 내 존재를 알고 있는 듯했지만 재단에 여념이 없었다. 나도 할머니가 뭘 하는지 느끼는 동시에 다른 일을 생각했다. 할머니의 무릎 곁에 누워 잠들어버릴 듯한 안도감. 원래는 자야 하는 시간이었지만, 마음 편히 있을 수 있었다. 서로 상대방의 기척을 느끼면서도 관여하지 않는 시간.

크게 실망하는 날도 있었다. 웬일로 깊이 잠든 할머니. 이대로 아침까지 자면 좋겠다는 기대가 점점 부풀었다. 할머니가 잠들어 기뻐했다기보다는 '제발 이대로 주무세요.'라고 기도하는 심경이었다.

나는 기척을 지우고 옆방으로 갔다. 너무 조용해서 선잠을 잤다. 그 순간, 어떤 소리가 들려왔다. 옷깃이 스치는 소리를 아주 크고 강하게 키운 듯한 날카로운 소리가. 허둥지둥 할머니의 방으로 달려가 전등을 켰다.

내 시야에 처음 들어온 물체는 민들레씨의 솜털 같은 것이었다. 그것들이 방 안 전체를 둥실둥실 날아다니고 있었다. 무슨 일이 일어났는지, 한눈에는 알 수 없었다.

할머니가 찢은 것. 그것은 오리털 이불이었다. 할머니가 너무 깊게 잠들어서 가끔은 괜찮겠지 하는 마음에 덮어주었던 고급 이불이었다. 이불을 덮을 때 뇌리에 스치기는 했다. 혹시 찢어버릴까, 하는 의문이.

하늘에서 내리는 눈송이처럼 춤추는 오리털.

기분 좋게 앉아 있는 할머니.

낙담해서 주저앉는 나.

과잉에서 자폭으로

할머니는 무척 편안한데, 아무래도 내 마음이 편안하지 않은 날도 있다. 할머니는 태평한 표정으로 이불 위에 털썩 앉아 있었다. 천을 물어서 찢지도 않았다.

가만히 두면 되는데, 그날은 그럴 수가 없었다. 잠들어주었으면 하는 마음을 주체할 수 없었다. 내게 여유가 없지는 않았다. 초조하지도 않았다. 그저 내가 할머니를 재우려고 마구잡이로 시도할 뿐이었다.

"생강차를 만들어봤어요."

"어머."

"맛있죠?"

"그렇네."

내 컨디션이 지나치게 좋은 것이다. 할머니가 아무런 혼란도 겪지 않았기 때문에 '오늘밤은 잘 주무시도록 지원하자.'라고 직무를 충실히 해내려는 '나'가 나타났다.

여유를 잃고 지나치게 간섭하는 패턴뿐 아니라 여유가 많아서 지나치게 간섭하는 패턴도 있다. 문제는 '과잉'되었다는 점이다. 나는 '잘 주무시도록 지원한다.'라는 임무를 완수하려 했다.

'자는 것'을 목표하면 '자지 않는 것'은 해결해야 하는 문제가 된다. '저렇게 편안해 보이는데, 왜 주무시지 못할까.' 내가 뭔가 하면 주무실 수 있지 않을까. 나는 이것저것 수를 쓰며 간섭했다. 하지만 전부 효과가 없었다.

서서히 짜증이 나기 시작했다. 내가 자폭한 것이다.

할머니에게도 내 자폭이 전해졌다. 할머니는 손가락으로 입술을 비비기 시작했다. 정신 사납게 움직이는 손끝. 잘 미끄러지게 하려고 그러는 것인지, 손가락에 침을 바르는 동작이 더해졌다. 입술에 문지른 침이 마르면서 방 안에 냄새가 퍼졌다. 방 안에 가득한 마른 침 냄새는 내 불안정을 최대치로 올렸다.

내 속에서 계속 성장한 부정적인 에너지를 어딘가로 발산

하지 않으면 위험했다. 나는 이불 위에 앉아 있는 할머니를 중심으로 원을 그리듯이 달렸다. 좁은 방에서 숨을 헐떡일 때까지. 산소가 부족해져서 할머니의 무릎 옆에 쓰러지듯이 누웠다.

밤에 푹 주무실 수 있으면 몸 상태도 좋아지겠지. 야근하는 내 몸에도 아무런 무리가 없고. 그래서 나는 할머니의 불면이 이상적인 수면으로 바뀌도록 제어하려고 했다. 하지만 나는 나 자신을 제어하지는 못했던 것이다.

'나'와 '나'의 싸움

돌봄을 받는 '나', 돌보는 '나'. 두 사람의 '나'가 한 가지 행위를 하는 것이니 각각의 '나'에게는 여러 감정이 들게 마련이다. 거기에는 기쁨과 슬픔, 괴로움과 분노를 품고 지금을 살아가는 '나'가 존재한다.

'단팥빵을 먹지 못할 바에는 차라리 죽는 게 나아.'라고 주장하는 '나'와 혈당치를 걱정하는 '나'.

5분마다 '소변이 마려워.'라고 느끼는 '나'와 '방금 전에 다녀왔으니 더 나올 리 없다.'라고 변의를 묵살하는 '나'.

"감기에 걸렸어요."라고 거짓말까지 하면서 목욕하기 싫어

하는 '나'와 '슬슬 목욕한 지 일주일이 지났는데.'라며 초조해
하는 '나'.

어제의 '나'가 오늘도 같은 '나'일 거라고 단정할 수는 없다.
우리는 자기 자신의 행위조차 재현하지 못한다. 하물며 여러
사람의 '나'라면 더더욱 그럴 것이다.

같은 행위를 되풀이할 뿐이라고 여겨지는 일상에도 똑같
은 날은 없다. 일상생활이란 불안정하기 그지없는 '나'들이
서로 관계를 맺으면서 만들어지는 것이다.

먹지 않겠다는 선언

먹지 않기로 했어

"엄마랑 똑 닮았더라고요. 신문을 오려서 가져왔어요."

따님은 기사에 실린 사진을 가리켰다. 거기에는 오랑우탄의 얼굴이 크게 실려 있었다.

다마동물공원에 있던 보르네오오랑우탄 '모리'가 자연사했음을 알리는 뉴스였다. 전 세계에서 사육되는 오랑우탄 중에서 가장 장수했다고.

따님의 말대로 모리와 할머니는 혈육처럼 닮았다. 할머니의 눈꺼풀은 중력을 거스르지 못하고 아래로 축 늘어졌다. 특히 오른쪽 눈은 처진 눈꺼풀이 시야를 완전히 가렸다. 그래서 할머니는 오른손 집게손가락으로 눈꺼풀을 떠받쳐서 눈을 뜨려고 했다. 사진 속의 모리도 할머니와 똑같은 동작을 하고 있었다.

이마의 주름을 비롯해 눈꺼풀을 떠받치는 손가락의 손톱까지도 똑같았다. 자세히 보니 모리와 할머니는 눈동자도 같은 것 같았다. 장수한 생명만 손에 넣는 품격까지 닮았다.

어느 날부터 할머니는 밥을 전혀 먹지 않으려고 했다. 가벼운 뇌혈관장애가 생겼는지 우반신에서 아주 조금이지만 마비 증상이 나타났다. 우리가 보기에는 생활에 지장을 일으킬 만한 마비는 아니었다. 하지만 당사자에게는 그렇지 않은 모양이었다.

"먹지 않기로 했어." 할머니는 그렇게 선언했다.

'말은 저렇게 해도 배고프면 먹을 거야.' 나는 할머니의 선언을 얕보았다. 배고픔이라는 생리 현상을 '나'의 의지가 이길 리 없다고 생각했다.

할머니는 정말로 먹지 않았다. 우리는 갑자기 초조해졌다.

시설 직원이 알려주었다. "입을 마음대로 움직이실 수 없는 거 같아요. 어떻게 해도 오른쪽 입가로 국물이 흘러버려요. 제 생각이지만 틀림없이 그게 싫어서 먹지 않겠다고 정하신 거예요. 입에서 국물이 흘러나오는 걸 못 참겠다는 식으로 말씀하셨어요."

그 할머니라면 그럴 만하다고 우리는 생각했다. 배설에 관해서도 비슷한 행동을 했기 때문이다.

비밀 팬티

할머니는 배설 보조를 철저하게 싫어하는 사람이었다.

혼자서 화장실을 가지 못했기 때문에 속옷에 패드를 대거나 성인용 기저귀를 입어야 했다. 할머니는 그런 선택지도 싫어했다. 그래서 소변이 나오면 속옷과 바지가 통째로 젖어버렸다.

다음처럼 말한 직원도 있다. "모두 모여 있을 때였는데, 할머니가 눈을 감고 무언가에 집중하시는 거예요. 몸을 부르르 떨어서 '왜 그러세요?'라고 물어봤더니 '조용히 해! 지금 오줌 누고 있으니까!'라고 화내시더라고요. 여러 사람 앞에서 소변에 집중할 수 있으세요? 저라면 못 해요. 다른 사람들이 보는 곳에서 싸버리는 거잖아요. 할머니는 부끄럽지도 않으신 걸까요."

다른 사람이 배설을 도와준다니 부끄럽다. 그 마음은 충분히 이해할 수 있다. 공감한다. 하지만 그렇다고 해서 싸버리는 걸 선택한 할머니의 행동은 이해할 수 없었다.

배설 돌봄을 거부했다. 기저귀도 받아들이지 않았다. 소변에 옷이 젖어야 마지못해 옷 갈아입는 걸 도와달라고 요청했다.

이런 과정이 반복되니 돌보는 우리도 돌봄을 받는 할머니도 큰 부담을 느낄 수밖에 없었다.

그래서 비밀 팬티를 만들었다. 팬티의 가랑이 부분을 두 겹으로 해서 요실금 패드를 끼워 넣을 수 있게 한 것이다. 할머니가 소변을 싼 걸 타인이 눈치채지 못하게 신경 썼다.

비밀 팬티는 잘 통했다. 노골적으로 소변을 싸는 일을 방지할 수 있었는데, 그래도 최종적으로 할머니는 다른 사람의 손을 빌릴 수밖에 없었다.

할머니에게 수치란 무엇이었을까.

할머니는 '다른 사람의 도움을 받는 나'에게 수치심을 느꼈다. 다른 사람들 앞에서 당당하게 소변을 싸버릴 수 있으니 타인이 보는 것에서 수치심을 느끼지는 않는 듯했다. 그런 할머니였기에 '입가로 국물을 흘리는 나' 역시 받아들일 수 없었던 것 아닐까.

꺾이지 않는 선언

'먹지 않겠다는 선언'을 한 무렵부터 할머니는 정말로 아무 것도 먹지 않았다.

몸에 무언가 문제가 있는 것은 아닐까 생각했다. 무언가 병 때문에 식욕 부진이 일어난 건 아닐까. 충치를 비롯한 몸의 통증, 아니면 변비 같은 생리적으로 불편한 증상이 있나.

우리의 돌봄에 문제가 없었는지도 돌이켜보았다. 밥을 먹기 쉽게 만들었다. 삼키기 쉬운 것, 식욕을 당기는 냄새로도 유혹해보았다. 할머니가 좋아하는 음식들을 마련했다. 언제든 식사할 수 있게 준비했다. 의자와 식탁도 불편하지 않게 신경 썼다. 할머니의 가족들도 식사 돌봄을 거들었다. 예전에 살았던 집에서는 할머니가 다시 먹지 않을까 싶어서 집에 돌아가보기도 했다.

그렇지만 할머니는 우리가 준비한 밥상에 손을 대지 않았다. 굳은 의지가 느껴졌다.

우리도 먹지 않으려는 사람 앞에서 뒷짐만 지고 있을 수는 없었다.

"오늘은 가자미조림이에요. 와, 생강 냄새가 정말 좋네요."

먼저 우리가 맛있다는 듯이 먹는다. 생선 살을 발라서 할머니의 입가로 가져가본다. 코앞에 냄새를 퍼뜨린다. 이래도 안 먹을 거냐고 메시지를 보내는 것이다. 그래도 할머니는 먹지 않았다.

할머니는 어떡해도 자신이 돌봄을 받는 존재라는 사실을 용납하지 않는 것이다. 그런 사람에게 어떤 메시지를 보내면 다시금 먹기 시작할까.

단서는 배설 보조에 있다고 생각했다. 할머니는 배설 보조를 너무나 싫어했지만 시간이 흐르며 차츰 받아들였기 때문이다. 그건 할머니가 우리에게 보낸 메시지이기도 하다. '다른 사람의 손을 빌려서라도 살아가겠습니다.'라고 현재의 자기 자신을 긍정하는 메시지. '먹기'라는 행위에서도 그런 일이 일어날 것이라고 믿었다.

후, 후, 하아

할머니가 우리에게 배설 보조를 맡긴 계기는 변비였다. 직장에 꽉 찬 단단한 똥이 뒤따르는 똥들을 가로막고 있었다. 할머니는 배가 땅긴다고, 아프다고 어쩔 줄을 몰랐다.

"누가, 누가, 나 좀 도와줘!"

"괜찮으세요?"

"아아, 배가 땅겨서 못 참겠어. 좀 도와줘!"

웬일로 할머니가 스스로 도움을 청했다. 함께 있던 여성 직원이 이끄는 대로 할머니는 순순히 화장실에 들어갔다.

"잠깐, 실례할게요."

직원은 손가락으로 확인했다. 단단한 똥 때문에 항문 주위가 경직되어 있었다. 항문 근처를 문질러서 부드럽게 풀어주었다.

"아, 아파." 할머니는 직원의 얼굴을 보며 말했다.

"그, 그런데 당신, 경험은 있어?"

"경험요?"

"그래, 경험 말이야."

"경험이라니, 무슨 경험요?"

"당연히 출산이지."

"에이, 저 아직 결혼도 안 했어요."

"안 낳아봤어?"

"네."

"아아, 당신으로는 안 돼. 경험 있는 사람을 불러줘!"

젊은 여성 직원은 화장실에서 얼굴만 내밀고 외쳤다.

"혹시 출산 경험 있는 분 계세요?"

"저요. 경험 있어요."

선배 직원이 부름에 응했다.

"이제 걱정 마세요. 경험 있는 사람이 올 거예요."

후배는 선배에게 배턴을 건넸다.

"자, 얼마 안 남았어요. 바로 코앞까지 왔네요. 머리가 보일 것 같아요. 후, 후, 하, 하세요. 하아, 하고 내쉴 때 아랫배에 힘을 주시고요."

"후, 후, 하아."

"후, 후, 하."

"후, 후, 하아."

"후, 후, 하."

화장실 안에서 난리 법석이 벌어졌다.

"고생하셨어요. 나왔네요. 엄청 훌륭해요."

"아, 다행이다. 고마워."

할머니는 눈물을 글썽이며 감사를 전했다.

아마, 이 일이 계기였을 것이다. 할머니는 이때 자신을 도와준 두 여성 직원의 배설 보조를 받아들이게 되었다.

배설 보조를 할 수 있는 직원은 한 사람 더 있었다. 바로 나였다. 배설이라는 예민한 영역에 어째서 남성인 나를 받아들였는지 진상은 모른다. 추측이지만, 시설장인 내 체면을 세워준 게 아닐까.

세 직원이 앞장서자 다른 직원들도 천천히, 편안하게 두터

운 관계를 쌓을 수 있었다. 할머니도 천천히, 편안하게 몸을 맡겼다. 그 때문에 할머니가 무엇을 계기로 다시 먹기 시작할지 알 수 없었다.

먹지 않아도 밥을 짓다

식사를 권하면 늘어지는 눈꺼풀을 손가락으로 떠받치며 내 얼굴을 가만히 바라본다. 그리고 천천히 고개를 가로젓는다. '먹어주길 바란다.' 가족과 우리의 사소한 바람을 할머니는 물리친다.

우리는 그런 태도에서 할머니를 손이 닿지 않는 아득히 먼 곳의 사람처럼 느끼기 시작했다. 다른 직원들의 마음도 비슷하지 않았을까. 돌봄 회의에서 논의해도 기나긴 침묵이 이어졌다.

그렇다 해도 '먹지 않겠다'는 선언을 받아들일 수는 없었다. 권했다가 거절당하고, 권했다가 거절당하는 일들이 반복되었다.

"엄마의 마음을 받아들이고 싶어요. 그러니까 병원에는 데려가지 않을 거예요. 치료로 어떻게 될 것 같지는 않아요. 충분히 했어요."

따님이 그렇게 말했다. 받아들였다기보다는 포기한 것이었다.

음식을 입에 넣고 이로 씹어서 삼키는 행위는 당사자만 할 수 있으며 타인이 대신할 수는 없다. 끼어들고 싶어도 어쩔 수 없는 영역이 존재하는 것이다. 최후의 주체가 있음을 느꼈다.

우리가 할 수 있는 일은 '먹을까' 혹은 '먹지 않을까' 하는 의사를 확인하는 것이 아니었다. '먹지 않는다'는 것을 알면서도 밥을 짓고 할머니에게 밥상을 차려주었다. 손을 대지 않으면 수저로 입가에 가만히 가져가보았다. 그것을 계속할 뿐이었다.

할머니는 '먹지 않겠다'는 선택을 이어갔다. 올바른 것도 그릇된 것도 아니었다. 받아들인다거나 받아들이지 않는다고 할 수 있는 것도 아니었다. 긍정도 부정도 할 수 없는 세계가 있는지도 모른다고 생각했다.

할머니는 따님이 지켜보는 가운데 죽었다.

'싫어'에 이끌려서

집에 돌아갈래

병사, 사고사, 자살, 자연사. 존엄사에 안락사. 이 중 어느 것에도 해당하지 않는 '죽음'을 목격한 적이 있다.

세 자매 중 막내인 할머니는 두 언니를 돌보았다. 한 사람은 파킨슨병이었고, 다른 한 사람은 알츠하이머병이었다.

할머니도 고령이었기 때문에 병을 앓고 있었다. 주치의는 거듭해서 수술을 받으라고 권했지만 할머니는 계속 거절했다. 언제 터질지 모르는 폭탄을 떠안은 채 돌봄을 하는 셈이었다. 그럼에도 불구하고 요양보호서비스를 받는 것은 망설였다.

자녀들이 독립한 뒤로 세 자매끼리 조용히 생활해왔다. 언니들을 주간돌봄센터 등에 다니게 하면, 연약한 자신들의 존재가 세상에 알려져 악인들의 먹잇감이 될 거라고 할머니는 생각했다. 세상에 자신들의 약점을 보이지 않으려고 필사적으로 노력한 것이다.

현관에 남성용 구두를 두었다. 빨랫감에 남성용 속옷을 넣고 함께 빨아 널었다. 남성이 살고 있다는 인상을 주어서 자신들의 집을 지켰다.

그 때문에 요양보험을 이용할까 고민하기는커녕 민생위원民生委員*과 상담조차 하지 않았다. 하지만 그 지역의 사람들은 세 자매의 존재를 분명히 인지하고 티 나지 않게 지켜봐주었다. 결국 흘러가는 세월에 더 이상 저항할 수 없게 되자 할머니는 비로소 돌봄센터의 지원을 받기로 했다.

마침내 할머니의 몸이 비명을 질렀다. 구급차로 전문병원에 이송되었다.

사태는 심각했다. 긴급 수술이 필요한데, 과연 할머니의 몸이 버텨줄까. 의사도 어려운 결정에 직면했다. '수술은 안 해.' 할머니의 결심은 확고했다.

---

* 일본에서 정부의 위촉을 받아 각 지역에서 장애인, 고령자, 기초생활수급자, 한 부모 가정, 빈곤 가정 등과 상담하고 필요한 지원을 해주는 민간 위원을 가리킨다.

할머니의 선택에 관해 의사가 말했다.

"고농도 산소를 계속 흡입해야 해요. 위험성은 높지만, 수술을 받지 않으시겠어요?"

"수술은 안 해."

할머니는 흔들리지 않았다. 외려 "집에 돌아갈래."라고 했다. 아무래도 의사가 그 바람까지 들어줄 수는 없었다.

"의료 설비가 없는 집에 돌아가시겠다는 건 죽겠다는 말이에요."

"여기는 싫어. 집에 가고 싶어."

신기했던 점은 할머니가 초탈한 듯한 분위기를 풍겼다는 것이다. 의료진은 심각하기 그지없는데, 할머니의 분위기는 정반대였다.

"집에 돌아갈래."

가족들은 할머니의 마음을 알고 다 같이 논의했다. 수술을 바라지 않는 할머니는 이대로 가면 죽을 수밖에 없다. 병원에 있으면 그때그때 증상에 맞추어 고통을 줄이는 처치를 받을 수 있다.

할머니가 바라는 대로 집에 돌아가기 위해서는, 고농도 산소를 흡입할 수 있는 장비와 일상적으로 대응할 수 있는 의료 체제가 필요하다. 그와 더불어 일상생활을 가능하게 해줄 돌봄 체제도 필수적이다. 가족의 지원 없이는 그런 것들을 실현할 수 없다. 과연 본가에서 멀리 떠나간 자녀들이 일과 가정을 유지하면서 할머니를 돌볼 수 있을까.

그때껏 나는 재택 돌봄을 하려면 일종의 각오가 필요하다고 생각해왔다. 바로 혼자 죽을 각오다. 당사자와 돌보는 사람, 모두 그 가능성을 염두에 두어야 한다고.

그렇지만 최근 들어 그렇게 생각하지 않게 되었다. 죽을 때는 언제나 혼자다. 혼자 죽는 건 각오해야 하는 것이 아니고, 제어해서 피할 수 있는 것도 아니다. '집에 돌아가니 어머니가 죽어 있었다.' 이 문장에는 사실밖에 존재하지 않는다. 그래도 괜찮지 않은가.

나 자신이 홀로 생활하는 어머니를 돌보게 되면서 생각이 바뀌었다. 좀더 마음 편하게 집에서 죽어도 된다고.

병원은 싫어

"집에 모셔 가고 싶지만, 그럴 수 없으니 '요리아이ょりあい'*

---

* 저자가 소장으로 있는 후쿠오카의 노인돌봄시설. '요리아이'에 관한 자세한 소개는 「옮긴이의 말」(4면) 혹은 온라인 미디어 『이모작뉴스』의 「[일본 돌봄현장 탐방④] 먹고 싶을 때 먹고, 자고 싶을 때 잔다… '요리아이' 요양원 편」을 참고하길 바란다.

로 모시고 싶습니다."

그것이 가족들이 내린 결론이었다.

"요리아이는 평범한 요양원이라 고도의 의료 설비는 갖추고 있지 않습니다. 집에 돌아가시는 것과 다르지 않아요. 설령 저희가 맡겠다고 해도, '집에 돌아갈래.'라고 말씀하시는 어머님이 과연 받아들이실까요. 어머님의 마음이 어떤지 한 번 더 여쭤보시는 게 좋겠습니다. 그리고 한 가지 더, 요리아이에서 돌아가실 가능성이 있다는 것도 각오하시고 오시는 걸까요?"

가족들에게 다시금 확인했다.

"몇 번이나 이야기했어요. 어머니는 병원이 싫다고 하세요."

(내가 궁금한 건 요리아이면 괜찮냐는 것이었다.)

사실 요리아이에는 이미 할머니의 두 언니가 지내고 있었다. 같이 있고 싶은 건지도 몰랐다. 나는 할머니에게 직접 속내를 물어보고 싶었다.

"병원을 나가서 요리아이에 오고 싶으시다는 말씀을 들었습니다. 정말 그래도 괜찮으실까요?"

할머니는 살짝 눈을 내리깔고 새하얀 침대 시트를 바라보았다. 쉬익, 쉬익, 하며 바쁜 소리를 내는 산소마스크를 쓴 채 입을 열었다.

"당신네 밥은 간이 센가?"

할머니는 생각을 좀 하고 싶어했다.

맥이 빠지고 말았다. 고민을 거듭한 끝에 내린 할머니의 각오를 들을 수 있을 줄 알았다. 의사가 말한 대로 할머니는 고농도 산소를 흡입하지 않으면 두 시간 만에 죽는다. 그럼에도 퇴원하겠다고 했으니 요리아이를 '죽을 자리'로 삼겠다는 각오 같은 것, 아니면 요리아이에서 죽어도 괜찮다는 속마음을 들을 수 있을 줄 알았다.

생각해보면 당연한 일이다. 죽음을 전제로 살아가는 사람이란 존재하지 않는지도 모른다. 설령 그 죽음을 알고 있다고 해도.

'음식 간이 세다.' 할머니가 요리아이에서 하는 생활을 현실적으로 상상하고 있다는 증거였다. 나도 질문을 바꿔보았다.

"음, 요리아이의 음식은 간이 셀 수도 있겠네요. 심심하게 만들 수도 있어요. 그러면 될까요?"

그렇지만 정말 이래도 괜찮을까. 뭔가 아닌 듯한 느낌이 들었다. '병원을 나간다'는 것은 '죽음이 예견되는 일'이라는 것을 이해하고 계신 걸까. 내가 궁금한 건 바로 그 점이었다. 그래서 자꾸 '죽음'을 대가로 병원에서 나간다는 각오를 요구해버린 것이다. 하지만 그건 가혹한 요구다.

분명한 사실은 있었다. 병원은 "싫다"는 것이었다. 그리고 또 하나 싫은 게 있었다. 강제적으로 산소를 주입하는 마스크. 할머니는 마스크를 손가락으로 가리키며 "이게 싫어."라고 중얼거렸다. 하지만 유일한 구명줄인 산소마스크를 벗을 수는 없었다.

곰곰이 생각해보면 우리는 고민 끝에 내린 선택을 따라 행동하지만, 할머니는 '싫어.'를 근거로 움직였다. 흔들리는 갈대처럼 불안정한 그 '싫어.'를 따라가도 괜찮은 것일까.

재택 산소 요법

미래에 일어날 법한 일을 예견해서 지금 어떻게 할지 결정하는 것. 이게 정말로 가능할까. 애초에 우리가 자기 자신이 결정한 일이라 여기는 것도 정말로 스스로 결정한 걸까. 현재의 마음을 근거로 정한 일이 미래의 마음까지 만족시키리라는 보증은 누구도 할 수 없다.

'변하면 변하는 대로 그때그때 대응하죠.' 같은 태평한 마음가짐이 없다면 아무것도 결정할 수 없을 것이다.

다만, 죽음에 관해서까지 '죽을 때 고민해보죠.'라고 말할 수는 없다. 당장 답을 내려고 하기보다는 대화를 계속하는 수밖에 없는 것 같았다.

'지금 무엇을 느끼고 있는가. 어떻게 생각하고, 무엇을 고민하는가.' 이런 것들을 당사자, 가족, 지원자가 계속 주고받았다. 그 과정을 반복하면 예측하지 못한 사태가 일어나도 서로 협력할 수 있는 관계가 쌓일 것이라고 생각한다.

할머니는 마침내 병원을 나갈 수 있게 되었다. 가장 망설인 사람은 의사였다. 치료할 수 없는 돌봄시설로 옮겨도 괜찮을까. 하지만 수술 역시 꽤 위험하다. 나아가도 위험하고, 제자리에 머물러도 위험하고, 돌아가도 위험하다. 그야말로 위험이 사방을 포위한 상황. 병원에 있어도 겨우 현 상태를 유지할 뿐이라면 당사자의 뜻을 따르자는 쪽으로 의사도 마음이 기울었다.

의사의 다음 과제는 요리아이에 도착할 때까지 할머니가 죽지 않게 하는 것이었다. 병원의 구급차로 이송하도록 준비해주었다. 의사는 간호사 세 명과 함께 직접 구급차에 타서 할머니의 상태를 지켜봐주었다.

우리는 할머니의 방을 마련해두고 도착을 기다렸다. 방에는 산소 농축 장치를 설치했다. 산소를 필요한 만큼 공급하려면 장치 한 대로는 부족하고 두 대를 연결해야 했다. 설치업자가 고생해주었다.

여러 사람 덕에 할머니는 문제없이 퇴원했다. 가족들은 할머니가 좋아하는 식당의 음식을 포장해왔다. 좋아하는 음식을 드셨으면 했지만, 겨우 몇 입만 먹고 더는 먹으려 하지 않았다.

그런 것보다 할머니는 "이게 싫어."라며 산소마스크를 벗으려 했다.

"엄마, 이건 못 벗어."라는 가족.

"이게 싫다고."

"그건 꼭 써야 해."

마스크로 실랑이하다 지쳤는지 할머니가 잠이 들었다. 그때였다. 호흡이 살짝 가빠졌다. 입술도 파랗게 변해갔다. 살펴보니 산소 농축 장치를 연결하는 튜브 중 하나가 압력을 견디지 못하고 빠져 있었다. 서둘러 다시 연결하자 할머니는 차츰 안정되었다.

산소 흡입을 멈추면 바로 죽음으로 이어진다. 의사의 말을 들어 알고는 있었다. 하지만 머리로 이해하는 것과 실제로 체감하는 것은 천지 차이였다.

압력 탓에 튜브가 빠졌을 때, 내 몸 전체에서 핏기가 사라지는 것 같았다. 체감이란 그런 것이었다. 그 뒤로는 할머니의 산소마스크가 조금이라도 삐뚤어지면 곧장 바로잡았다.

나아가 삐뚤어지지 않게 끈으로 묶어 단단히 고정했다.

아무튼, 이게 싫어!

"이게 싫다고!"

할머니는 산소마스크를 벗으려 했다.

"이건 꼭 써야 해."

"진짜, 싫다니까."

"…안 쓰면 죽는다고."

마스크를 벗으려 하는 할머니의 손을 가족이 치우고, 내가 산소마스크를 눌러 제대로 씌웠다. 입씨름 같은 대화가 한동안 이어졌다.

"아무튼! 이게 싫어!"

할머니는 내 얼굴을 보며 말했다.

"자네도 그런 게야? 요리아이도 병원이랑 같은 게야?"

그다음에는 가족의 얼굴을 보고 말했다.

"얘야, 이것도 연명 치료다."

가족은 내 눈을 보았다. 나는 가족의 눈을 보았다.

(어쩔 수 없네요.)

할머니는 산소마스크에서 해방되었다. 호흡이 점점 힘들어졌지만, 할머니는 만족스러운 듯했다. 상태를 살피러 오는 직원들에게 손을 흔들어주기도 했다.

할머니의 호흡은 점점 약해졌다. 그리고 조용히 숨을 거두었다.

그때의 일을 지금도 생각한다.

할머니는 '죽음'과 맞바꿔서 마스크를 벗은 게 아니었다. '연명'을 원하지 않아서 산소마스크를 벗는 선택을 했다고는 생각할 수 없다. "아무튼, 싫어."라고 했던 것이다.

논리적으로 설명하기 어려운 '싫어'를 따르는 결정이 있었던 것 같다. 그 결정은 '미래'로부터 '지금'을 생각하지 않는, '지금'으로부터 '미래'를 예상하지 않는, '지금'만을 붙잡으려 하는 육체에서 비롯된 염원 같았다.

2장

나

1

자유롭지 않게 되자 자유로워지다

늙다=노쇠=기능 저하?

신체에 손을 대며 노인들의 생활을 보살피다 보면 노화가 진행되고 있는 육체에 생각지 못한 잠재력이 숨어 있다는 사실을 알게 된다.

많은 노인들에게 마비와 구축*, 혹은 눈이 보이지 않거나 귀가 들리지 않거나 다리로 설 수 없거나 손이 움직이지 않는 등 신체에 자유롭지 않은 점이 있었다. 시간과 공간을 가늠하지 못한다. 기억이 모호해진다. 행동의 순서를 알지 못한다. 인지능력의 쇠퇴는 어르신들에게서 자립 생활을 앗아갔다.

* 반복되지 않는 자극에 의해 근육이 지속적으로 오그라들어 관절의 운동 범위가 감소하는 것을 가리킨다.

'노화=부자유'라는 등식이 뇌리에 새겨졌다.

내 착각이었다.

입보다 유창하게 말하는 눈빛. 보이지 않는 것을 보는 눈동자. 끝없이 이어지는 이야기. 무당과도 같은 말솜씨. 독창성 넘치는 이야기를 지어내는 창의력. 에너지가 흘러넘치는 혼란. 자신의 위기를 남 일처럼 대수롭지 않게 여기는 감각. 신념으로 가득한 주관. 추종을 불허하며 뻗어나가는 사고. 순발력 있는 지성. 체력과 비례하지 않는 지속성. 시간과 공간을 뛰어넘는 도약력.

앞선 문단의 내용은 부정적으로 여겨지는 노쇠한 사람의 모습을 긍정적으로 바꿔서 적어본 것에 불과하다. 노쇠한 몸에는 우리에게 없는 약동이 있다. 그 약동은 지금까지 사회생활을 하면서 얻은 개념으로부터 해방되었을 때 비로소 나타나는 것 같다. 잃어버림으로써 새로운 삶의 방식을 터득한 것처럼 보인다.

자유롭지 않게 된 몸은 나에게 새로운 자유를 가져다준다. 시간을 가늠할 수 없게 됨으로써 나는 시간에서 자유로워진다. 내가 있는 공간이 어딘지 모르면 상황에 맞춰 언행을 주의해야 한다는 규율에 얽매이지 않게 된다. 설령 누워서만 지내게 되어도 정신까지 그 자리에 묶여 있지는 않는다. 자식의 얼굴을 잊어버림으로써 부모의 역할에서 벗어날 수 있다. 기억하지 못하기 때문에 하루하루가 신선하다. 분노와 증오에서 잘 벗어나게 되고, 기쁨을 느끼기 쉬워진다.

내가 지니고 있던 자기 개념이 무너지는 동시에 내가 나 자신에게 부여했던 규범에서 해방된다. 나라면 이래야 한다는 믿음이 해체되면서 새로운 자유가 생겨나는 것이다.

그렇게 되면 나는 자신을 잃어버리는 것일까? 그렇지 않다고 생각한다. 내가 변화하여 새로운 '나'로 바뀔 뿐이다. 돌봄이란 그 과정을 함께하는 일이 아닐까.

몸이 점점 자유롭지 않게 되면서 사회의 개념적인 것에서 점점 자유로워지는 과정이 늙는 것이라고 한다면, 노쇠의 세계란 과연 어떤 곳일까.

그곳이 어떤 곳이든 '늙음'이란 '노쇠=기능 저하'라는 등식에 전부 담을 수 없는 생기 넘치는 과정이다. 호들갑스럽게 말하면 번데기 속에서 몸이 걸쭉하게 녹아 전혀 다른 모습으로 바뀌는 듯한, 그런 역동적이고 극적인 변화의 소용돌이 속에 있는 것과 비슷하다고 생각한다.

로켓롤!

어깨까지 기른 백발. 깊게 팬 주름. 선글라스를 쓰면 마치 록 스타처럼 보일 것 같았다. "로큰롤!"이라고 말하면 재미있을 것 같았다.

나는 조심조심 부탁해보았다. 할머니는 "어머, 어머."라고 미소를 지으며 선글라스를 썼다.

"로큰롤이라고 한번 말해주세요."

"어머, 어머."라는 할머니.

"로켓롤."

'로큰롤'은 록이지만, '로켓롤'은 어딘가 동네에 있는 빵집을 연상시켰다.

오래전부터 머리를 올백으로 넘겼는지 할머니는 이마가 넓어지는 형태로 탈모가 진행되었다. 그래서 원래 큰 편이었던 얼굴이 더 커 보였다. 매년 몸이 작아지기 때문인지, 얼굴은 점점 더 커졌다.

넓어지는 이마는 무수한 노인성 반점으로 뒤덮여 있었다. 그중에는 딱지처럼 떨어질 듯한 것도 있었다. 나는 그런 걸 발견하면 깔끔하게 떼어내고 싶다는 충동에 시달렸다.

할머니가 깊이 잠든 걸 기회 삼아 당장이라도 떨어질 듯한 노인성 반점에 손을 대보았다. 할머니가 깨지 않도록 숨을 죽였다. 뜻밖에도 반점은 간단히 떨어졌다.

노인성 반점이 떨어진 자리에 매끈매끈하고 깨끗한 분홍색 피부가 나타났다. 윤기가 흐르는 피부에 한동안 눈길이 사로잡혔다.

100년을 살아온 몸에도 언제나 갓 태어난 세포가 살아 숨쉬고 있다. 갓 태어난 세포가 할머니의 몸을 항상 새롭게 다시 채색한다. 노쇠한 몸에 깃든 생명의 불꽃은 점점 작아지지만, 세포 하나하나는 빛나고 있다. 나는 그런 모습이 모순적으로 느껴져서 불가사의한 감회에 젖었다.

그렇지만 분홍색 피부는 눈 깜짝할 사이에 다시 노인성 반점이 되었다.

'늙음은 역시 비가역적이구나.' 몸이 유한하다는 사실을 새삼 깨달았다.

꽃이 피다

깊은 밤에 있었던 일이다. 할머니의 잠을 방해하지 않으면서 소변 패드를 교체하려 했다. 잽싸게 바지를 내리고 패드를 빼냈다. 할머니는 "에에이, 망할."이라며 분노를 드러냈다. 빨리 끝내야 돼. 따뜻한 수건으로 엉덩이를 닦자마자 할머니가 소리쳤다.

"아아아, 그런 걸 하면, 꽃이 펴!"

명백히 화내고 있었지만, 말의 뉘앙스에는 기쁨 같은 것이 포함되어 있었다. 부탁하지도 않았는데 엉덩이를 닦는 건 불쾌하지만, 수건의 온기는 기분이 좋다. 상반된 두 감정이 들려왔다.

주름지고 메마른 코끼리의 피부 같은 엉덩이에 어떤 꽃이 피는 걸까. 상상해본다. 피곤에 절어가는 야근 중에 사소하나마 온기가 감도는 순간이다.

할머니의 왼쪽 눈에서는 신기하게 빛이 반짝이곤 했는데, 나는 그게 참을 수 없이 궁금했다. 이따금씩 눈동자 안쪽에서 무언가가 반짝반짝했다. 홍채에 작은 균열이 생겨서 그 틈으로 예쁜 빛이 새어 나오는 것 같았다.

빛의 정체를 확인하려고 할머니의 눈동자를 들여다보았다. 홍채는 아름답고 무서웠다. 동공을 중심으로 퍼져나가는 세로 줄. 각 줄들의 색이 뚜렷이 구분되는가 싶었는데, 미묘하게 그러데이션이 살아 있었다.

가까이 다가가서 봤지만 새어 나오는 듯한 반짝이는 빛은 눈에 띄지 않았다. 그 빛은 무언가가 팅겨서 반짝이는 것인데, 조금 떨어지지 않으면 보이지 않았다. 저 눈동자에 세계는 어떻게 보일까. 잘 보이고 있을까. 할머니의 언행에서는 그것조차 알 수 없었다.

할머니의 눈을 집중해서 보고 있는데 뭐랄까, 우주의 성운에 빨려드는 듯해서 무서워졌다. 그건 그렇고 코앞까지 다가간 내 얼굴을 신경도 쓰지 않고 마음대로 보게 해주는 할머니에게 감탄했다. 하지만 자세히 보니 할머니는 눈을 뜬 채 잠들어 있었다.

근육에서 내장으로

할머니의 몸은 뼈와 가죽으로 되어 있다. 근육은 흔적도 없다.

신축성을 잃어버린 피부는 지방을 감싸고 아래로 축 늘어졌다. 팔뚝에 매달린 지방을 감싼 피부는 살짝 시원해서 손을 대면 기분이 좋았다. 홀쭉하게 야윈 할머니의 장딴지를 만져보면 근육보다는 물을 담은 주머니 같았다.

할머니의 몸에서는 근육으로 움직인다는 기능이 거의 사라져 있었다. 그건 할머니가 시간과 공간에서 해방되었다는 것을 뜻하기도 했다.

근육의 움직임은 숫자로 나타낼 수 있다. 100미터를 몇 초에 달렸는가. 멀리뛰기를 몇 미터 날아갔는가. 시간과 공간으로 수치화할 수 있는 것이다. 우리는 어린 시절부터 그 숫자를 두고 경쟁해왔다. 할머니는 더 이상 그런 경쟁을 강요당할 일이 없었다.

노화가 진행될수록 인간의 몸은 근육보다 내장을 중심으로 움직인다. 애초부터 내장에는 시간과 공간의 개념이 없는 것 같다. 근육과 달리 사람의 의지로 제어할 수 없고 몸속의 일정한 지점에서 죽을 때까지 계속 움직이는 내장은 시간과 공간을 신경 쓰지 않는다.

노화가 진행될수록 시간과 공간을 인지할 수 없게 되는 것은 내장의 활동에 따라서 살아가기 때문이 아닐까. 할머니는 움직일 수 없게 되면서 점점 자유롭지 않게 되었지만, 시간과 공간이라는 개념에서는 점점 자유로워졌다.

내 몸

눈은 왜 그래?

내 몸에 관해 간략히 설명하면 다음과 같다.

키는 163센티미터. 손발은 S 사이즈인데 몸통은 M 사이즈. 최근 들어 배 둘레가 L 사이즈로 변화하고 있음.

손바닥은 넓고 두껍다. 그만큼 손가락은 짧고 굵다. 장갑은 S 사이즈를 구입한다. 손끝은 남는 부분 없이 딱 맞지만, 손바닥은 갑갑하다. 발 크기는 245밀리미터 정도인데 발등만 높아서 마음에 드는 신발이 발에 맞았던 적은 없다.

머리카락이 매우 가늘어서 기름기가 빨리 낀다. 아침에 있었던 볼륨이 저녁에는 절반 정도로 줄어들어 두피가 드러난다. 특히 정수리의 탈모가 눈에 띈다. 그 탓인지 내려가는 에

스컬레이터를 타면 뒤에 있는 사람의 시선이 정수리로 쏠리는 게 느껴진다.

어느 할머니에게 내 정수리를 가리키며 "이건 탈모일까요?"라고 물어보았다. 할머니는 마음을 써주었는지 "그건 광장이야."라고 답해주었다. 할머니의 배려가 외려 괴로웠다.

눈은 가늘고 눈썹이 진하다. 어느 할머니는 "자네 눈썹은 정말 멋있네. 근데 눈은 왜 그래!"라고 걱정해주었다. 나는 스스로 생각하는 만큼 눈을 크게 뜨지 않는 모양이다.

입술은 무척 얇고, 윗입술은 뾰족하다. 거무스레한 피부가 더해져서 어렸을 때는 주위에서 "까마귀 같아."라고 수군덕거렸다. 요즘은 나이를 먹어서인지 까마귀 같은 날카로움이 사라졌고, 그 대신 가족들끼리 "바다거북 같아."라고 소곤거리고 있다.

유일무이한 몸에 있는 특징이야말로 개성이라고 할 수 있을지 모른다. 하지만 내게는 개성이라고 부르고 싶지 않은 증상이 하나 있다. 바로 틱tic이다.

토끼냐?

갑자기 시작되는 신체의 불수의운동不隨意運動.* 내 경우에는 코를 움찔거리는 것부터 시작되었다. 아버지가 "너는 무슨 토끼냐?"라고 말한 것을 기억하고 있다.

틱은 코를 중심으로 뺨에도 퍼졌다. 왼뺨이 움찔움찔 경련을 일으키게 되었다. 그런 경련은 어린 시절에 그치지 않았고, 어깨와 대퇴부로 확대되어 현재까지 이어지고 있다. 최근에는 턱관절을 딱딱거리는 버릇이 생겨버렸는데, 속귀가 아파도 멈출 수가 없어서 고생하고 있다.

틱과 관련이 있다고 생각하는 또 다른 증상으로 '과잉행동'과 '충동'을 억누르지 못하는 것이 있다.

초등학교 1학년 때는 선생님이 수업 시간에 나를 줄넘기 줄로 의자에 묶어버린 적이 있다. 예사롭지 않을 만큼 움직였던 것이겠지. 쉬는 시간이 되어 친구들은 운동장으로 나갔지만, 나는 교실에 남겨졌다. 선생님은 내가 반성하길 바랐고, 나는 선생님의 요구를 받아들였다.

선생님이 줄을 느슨하게 풀자마자 나는 책상에서 다른 책상으로 펄쩍펄쩍 뛰어 건너갔고, 실내화를 신은 채 창문 밖으로 뛰쳐나갔다.

---

* 운동 신경의 자극으로 의지와 관계없이 자율적으로 일어나는 운동을 가리킨다. 하품, 경련, 재채기 등이 있다.

빠른 몸과 느린 뇌

어려서부터 무서웠던 것은 '충동' 쪽이었다. 친구들과 실컷 놀고 집으로 돌아가려 서둘러 자전거를 몰았다. 갑자기, 눈을 감고 싶다는 충동이 일어났다. 충동에 저항해봤지만, 눈을 감아버렸다. 그 순간, 나는 더러운 물이 흐르는 강에 떨어지고 말았다. 다행히 강에 걸쳐져 있던 너비가 15센티미터 정도인 들보에 배를 걸친 채 매달렸다. 잠깐이지만 정신을 잃은 것 같았다. 정신 차리니 강바닥으로 가라앉는 자전거가 보였다.

그처럼 무서운 경험을 했지만, 위험하다는 걸 알면서도, 한동안 눈을 감고 싶다는 '충동'이 이어졌다.

성장하면서 '충동'은 진정되었다. 그런데 어느 날 느닷없이 부활했다. 고속도로에서 오토바이를 타는데, 내 손이 갑자기 방향을 꺾고 싶어했다. 방향을 트는 것은 곧장 죽음으로 이어지는 행위였다. 나는 공포에 질려서 필사적으로 충동을 억눌렀다. 내 것인데도 제어하기 어려운 몸에 시달렸다.

나는 무언가를 이해하는 데 시간이 꽤 걸린다. 그에 비해 몸은 가볍게 움직이고 만다. 느린 머리와 빠른 몸. 손발, 눈, 귀, 코, 입이 뇌보다도 먼저 세계와 만난다. 빠른 몸은 느린 뇌에 짜증을 느꼈는지도 모른다. 내 틱은 의욕 넘치는 몸과 느긋한 뇌의 괴리에서 비롯된 것이 아닐까.

3 ━━━━━

'체감'이라는 사실

지각과 뇌와 마음

체감이란 성가신 것이다. 몸에 깃든 생생한 느낌은 그 사람에게 의심할 여지가 없는 사실이 되기 때문이다.

나는 교통사고로 입원한 적이 있다. 전신 마취가 필요한 수술을 받았고, 방광에 소변줄이 연결되었다. 요도에서 방광으로 튜브를 꽂아 넣으면 튜브를 통해서 오줌이 나와 소변주머니에 모이는 구조였다.

오줌이 침대 옆에 매달린 주머니에 모이기 때문에 방광은 항상 빈 상태였다. 그럼에도 불구하고 내 방광은 참을 수 없이 요의를 호소했다. 방광에 오줌이 가득 차서 당장이라도 찢어질 것만 같았다.

서둘러 호출 벨로 간호사를 불렀다. 나는 느낀 대로 전달했다. 그런데 간호사는 "괜찮아요. 주머니는 가득 차지 않았어요."라면서 그냥 돌아갔다.

간호사의 말은 사실이었다. 내 주장은 논리적으로 말이 되지 않았다. 내 몸은 어째서 피도 신경도 통하지 않는 실리콘과 폴리우레탄 재질의 튜브와 주머니에 동기화한 것일까. 방광에서는 찢어질 것 같다는 생생한 느낌이 들었다.

당사자의 체감과 객관적 사실이 항상 일치하지는 않는다. 당사자가 직면하는 것은 '옳다/그르다' 혹은 '정상/이상'이 아니라 바로 내 몸이 생생하게 느끼는 감각인 것이다.

어느 할머니는 밤중에 눈을 뜨기 무섭게 "빨리 빚을 갚아야 해!"라면서 방에서 뛰쳐나갔다.

"빚은 벌써 다 갚았어요."라며 어떻게든 할머니를 안심시키려 했지만, 전혀 진정되지 않았다. 오히려 할머니의 신체는 더욱 초조해하며 안정을 잃고 우왕좌왕하기 시작했다.

혹시나 싶었던 직원은 할머니를 화장실로 유인해봤다. 그랬더니 할머니는 봇물이 터지 듯이 소변을 보았다. 그 뒤에는 빚을 운운하지 않고 새근새근 잠에 들었다.

자는 사이에 방광은 오줌으로 가득 찬다. 넘치기 직전이라고 방광이 뇌에 알린다. 눈을 뜨는 것과 동시에 마음이 '안 돼.

싸겠어.'라고 느낀다. 감각에서 전한 한계와 마음이 느낀 초조함 때문에 뇌가 요의를 '늦지 않게 빚을 갚아야 한다.'라고 번역해버린 걸까.

자살을 막아야 해

"앗, 이봐, 뭘 하려는 거야! 위험해! 그만둬! 그만둬!"

파랗게 질려서 고함을 치는 할머니가 있었다. 대체 뭘 느끼고 저러는지 전혀 짐작이 가지 않았다. 혼자서 소리를 질러봤자 해결되지 않는다고 생각한 할머니는 내 손을 잡아 창가로 끌고 갔다. 영문을 모르는 나는 허둥대는 할머니를 멍하니 바라볼 뿐이었다.

그런 내게 할머니는 "이런 쓸데없는 놈."이라며 욕을 퍼부었다. 할머니가 그럴 때마다 우리는 창가에 서서 할머니의 눈에 무엇이 보였는지 찾았다.

몇 개월이 지나서야 그 무언가의 정체에 짐작이 갔다.

창가에서는 온갖 사물이 보였다. 그중 하나가 고속도로의 기둥과 기둥 사이를 가로지르는 교가橋架였다. 그곳에는 높은 철탑이 서 있었고, 철탑 꼭대기에는 정비를 위해 작은 발판이 설치되어 있었다. 그 발판을 둘러싼 울타리의 일부가 보기에 따라서는 사람 같기도 했다.

할머니는 그 사람처럼 보이는 울타리의 일부를 자살하려는 사람으로 느낀 것이 아닐까. 한 직원이 그런 의견을 냈다. 듣고 보니 확실히 사람이 서 있는 것 같았다.

할머니는 그 사람처럼 보이는 것이 눈에 띌 때마다 '저 사람을 구해야 해.'라는 충동에 휩싸여 고군분투했던 것이다. 할머니가 아무것도 하지 않는 우리를 피도 눈물도 없는 냉혈한이라고 욕한 것도 당연한 일이었다.

흥미로운 점은 그 울타리의 일부가 할머니에게는 한결같이 자살하려는 사람으로 보였다는 것이다. 눈이 포착한 것을 뇌와 마음이 어떻게 '체감'으로 변환하는지 실로 흥미롭다.

어르신들이 포착하는 세계와 초점을 맞추려면 아무래도 우리의 감각이 어르신들의 체감 쪽으로 다가갈 필요가 있다.

세상의 중심에서 외치다

어느 날, 먼 곳에서 견학을 왔다. 70대를 중심으로 지역 활동을 열심히 하고 있는 사람들이었다.

회장을 맡고 있는 남성이 나에게 말했다. "5년 전에 여기를 와봤어요."

나는 살짝 난처했다. 왜냐하면 시설이 문을 열고 3년밖에 지나지 않았기 때문이었다. 나는 넌지시 "3년 전에 문을 열었는데, 그때 오셨을까."라고 중얼거렸다.

회장은 흘려듣지 않고 "아뇨, 5년 전이었어요. 이봐, 5년 전이었지?"라고 옆에 앉은 남성에게 동의를 구했다. 그 사람도 "맞아, 그랬어."라며 고개를 끄덕였다. 시설을 운영하는 당사자인 내 말을 부정할 수 있는 용기는 어디에서 나오는 걸까.

어르신들이 한번 믿어버린 것을 나중에 바꾸기란 무척 어렵다.

시내에 있는 상점 '미스터 맥스'를 '마스터 맥스'로 잘못 기억한 할머니. 아무리 정정해도 할머니는 계속 "마스터 맥스로 데려가주세요."라고 했다. 음악이 새겨진 레코드판처럼 위에 덮어쓸 수가 없었다.

주간 돌봄 서비스를 이용하던 어떤 할머니는 늘 짜증스럽게 송영 버스를 기다렸다. 버스가 도착하기 한 시간 전부터 "아직도 안 와."라며 화를 냈다. 나는 거듭해서 정확한 약속 시간을 알려주었지만, 내 목소리는 할머니의 귀에 들어가지 않았다. 할머니는 울화통이 터진 듯이 "약속을 어기는 게 제일 싫어."라고 목소리를 높였지만 약속을 지키지 않는 사람은 할머니였다.

새삼 시계를 보여주며 아직 약속 시간이 아니라고 말해도 "이 시계가 안 맞네. 이상한 시계야."라고 받아쳤다. 자신만의 시간이 세상의 중심이 된 듯한 느낌이었다. 참고로 그 할머니란 내 어머니다.

우동일까, 카레일까

어느 밤, 주민회관에서 노인대학이 개강했다. 나도 강사로 불려 갔다. 강연장에는 대략 50명의 어르신들이 모여 있었다.

"여러분, 사흘 전 저녁에는 뭘 드셨어요?"라고 질문해보았다. 강연장의 어르신들은 머리를 쥐어짰다.

어느 할아버지는 "술 마셨어."라고 답했다. 친구가 "술은 매일 마시잖아."라고 핀잔을 주었다.

90대로 보이는 할머니가 조용히 손을 들었다.

"우동을 먹었습니다."

옆자리의 친구가 "어머, 세상에. 사흘 전 일을 잘도 기억하네. 대단해."라며 박수를 쳤다. 다른 어르신들도 그에 호응해서 강연장에는 박수갈채가 가득 찼다. 우동을 먹었다는 할머니는 만면에 가득한 미소로 답했다.

그렇지만 곰곰이 생각해보면 할머니가 정말 '우동'을 먹었는지는 아무도 알 수 없었다. 모두가 할머니의 말을 그대로 믿었을 뿐이었다.

그때였다. 한 여성의 목소리가 강연장의 분위기에 찬물을 끼얹었다.

"엄마, 카레였어."

딸이 같이 왔던 것이다. 강연장에는 어색한 분위기가 감돌기 시작했다.

"얘가 뭐래. 우동이었잖아."

할머니는 굴하지 않고 반론했다.

"아냐, 카레였어. 그날 저녁 내가 만들었는걸."

딸은 자신의 주장을 전혀 꺾지 않았다.

이렇게 되면 할머니에게 사실은 더 이상 중요하지 않다.

"너는 맨날 그래. 엄마를 바보 취급해."

엄마와 자식의 다툼을 모두가 조용히 지켜보았다. 그때 한 할아버지가 나섰다.

"자, 자, 그럼 '카레우동'을 드셨던 걸로 하죠."

재치를 발휘한 할아버지의 아재 개그로 강연장의 분위기가 되살아났다. 그런 기적적인 결말을 직접 목격했다.

어째서 귀를 기울이지 않을까

우동일까, 카레일까.

딸의 기억이 사실이라면, 할머니는 사흘 전 저녁 메뉴를 기억하지 못한다는 뜻이다. 그럼에도 할머니는 '우동을 먹었다'고 생각했다. 그 '생각'이 할머니에게는 '사실'이 되었다. 즉, 내가 '생각한 것' '느낀 것' '그 순간 재생된 기억'이 당사자에게는 사실이 된다는 말이다.

그날 일어난 것은 그저 그런 일이었다.

딸의 말에 귀를 기울이지 않는 할머니를 완고한 사람이라고 여길지도 모르겠다. 할머니의 입장에서는 존재하지 않는 기억을 사실이라고 받아들일 수 없었던 것이다. 그럼에도 불구하고 '어머, 카레였나? 뭐, 착각했네.'라고 말할 수 있다면, 그야말로 인품이 훌륭한 사람이라고 생각한다.

또한 정말로 카레를 먹었다고 해도, 그 사실을 들이밀지 않고 그냥 놔둘 수 있었다. 그런 배려는 이성의 뒷받침이 있어야 가능할 것이다.

더 나아가 '카레우동'으로 하자며 사실을 모호하게 만든 할아버지의 '시치미'에는 인품도 이성도 따지지 않는 너글너글함이 있었다. 제3자인 할아버지의 태도는 그날 그 자리에 '여유'를 가져다주었다.

애초에 우리는 무엇을 사실이라고 여겨야 할까. 실로 어려운 문제다. 내 친구 중에는 꿈을 사실이라고 믿는 사람이 있다. 꿈과 현실을 구별하지 못하는 것이다. 꿈도 현실의 하나라고 느끼는 모양이었다.

실제로 일어나지 않은 일도 사실로 인지하는 힘은 어떻게 길러지는 것일까. 당사자도 꿈이라는 사실은 잘 알고 있다. 그런데 그 순간의 감정이 틀림없는 사실로 생생하게 살아 있는 듯했다.

기억 폴더의 불가사의

귀에서 떨어지지 않는 목소리

100년을 살아온 할머니는 자력으로 일어서지 못한다. "으쌰, 으쌰."라고 중얼거리며 일어설 준비를 시작한다. 고개를 위로 쳐들면서 반동을 주지만 엉덩이는 바닥에서 떨어질 기미가 없다. 끈질기게 반동을 주는 모습을 보며 '어느 타이밍에 도와드려야 할까.'라고 고민하던 때. 할머니가 기합을 넣으며 외쳤다.

"아이폰, 아이폰."

네?

"iPhone, iPhone."

내 귀에는 틀림없이 그렇게 들렸다.

"지금, iPhone이라고 하셨죠?"라고 나는 곧장 물어보았지만, 할머니는 "아아, 그랬나?"라고 남 일처럼 답했다.

100년을 살아온 할머니는 'iPhone'이라는 단어를 모를 터. 생활사를 고려해봐도 스마트폰과 친숙한 생활을 했을 것 같지는 않았다. 할머니는 휴대전화를 사용한 적이 전혀 없을 터였다. 그렇다면 내가 잘못 들었을까. 일어서려 애쓰는 할머니의 외침을 내 뇌가 여러 번 들어 친숙한 '아이폰'으로 변환해버린 것일까. 아니다. 분명히 "iPhone, iPhone."으로 들렸는데.

혹시나 귀로 흘러 들어온 젊은 직원들의 대화를 할머니의 뇌가 자동으로 녹음한 것은 아닐까? 할머니가 일어서려 할 때 뇌 내의 '영차' 폴더가 열리지 않고, 그 대신 '아이폰' 폴더가 열린 것은 아닐까?

한 동료 직원에게는 마음속에 남은 할머니의 말이 있었다.

"만간간지!"

"그건 무슨 말일까요? 아무런 맥락도 없이 느닷없이 말씀하셨는데요. 잊을 수가 없어요."

무척 명료했지만, 뜻을 알 수 없는 말이었다. 그처럼 영문 모를 말을 10년 가까이 우리의 뇌가 기억하고 있으니 주문이나 다름없다.

혹시 절을 말한 걸까? '만원암사滿願巖寺'* 계율은 무척 엄하지만, 소원을 전부 이뤄주는 절이라든지. 할머니의 한 마디에 온갖 상상이 펼쳐졌다. 100년이나 살아온 '뇌'에는 우리가 모르는 말들이 잔뜩 담겨 있을 게 틀림없었다.

그와 더불어 할머니의 말투에는 터무니없이 생생한 울림이 있었다.

어느 한밤중에 있었던 일이다.

"나가요시 씨, 나가요시 씨."

할머니가 누군가에게 말을 걸었다. 그 목소리를 들으면 정말로 누군가 있는 것 같았다. 나는 등줄기에 소름이 끼쳤다.

첫 번째 부름은 '당신은 나가요시 씨죠?'라며 어미를 올리는 의문문의 울림. 두 번째 부름에서는 "역시 나가요시 씨다. 나한테 와요."라는 뉘앙스가 풍겼다.

할머니의 방 안을 들여다보았지만, 아무도 없었다. 할머니도 새근새근 자고 있었다. 뭐야, 잠꼬대였구나. 꿈에서 '나가요시 씨'를 만난 건가.

할머니의 잠꼬대에는 강력한 힘이 있었다. 정말로 사람이 있는 듯한 느낌을 주는 목소리의 톤. 실은 '나가요시 씨'가 있었던 것 아닐까, 하는 생각이 들게 하는 현실감.

* '만원암사'는 저자가 상상한 가상의 절로 일본어 발음이 '만간간지'다.

할머니뿐 아니라 다른 어르신들의 목소리에도 지금 여기서 일어나는 듯한 현실감이 감돈다. 그 생생함이 무서울 때도 있고, 우스울 때도 있다. 뇌 내의 기억 폴더는 의지의 제어에서 벗어나 맘대로 열릴 때도 있고 닫힐 때도 있다.

팝업 북처럼 나타나서…

전에 근무했던 특별양호노인홈에 5년 만에 방문했을 때의 일이 떠오른다.

맞이해준 사람은 전에 나를 아껴주었던 할머니. 애용하는 하얀 앞치마를 두른 모습은 당시와 다르지 않았다. 할머니는 나를 보자마자 "와, 무슨 일이야?"라고 목소리를 높이며 다가왔다. "앗, 저 기억하세요?"라고 내가 기뻐하자 할머니는 "잊을 리가 있나."라고 답했다. 그리고 할머니가 내게 물었다. "자네, 감기 걸렸었다고?"

할머니에게는 누구도 못 말릴 기억장애가 있었다. 5년이라는 시간이 지났는데도 나를 기억하는 것이 기적적인 일이라고 생각했다. '나랑 할머니의 인연에는 특별한 뭔가가 있는 거야.' 나는 멋대로 기뻐했다. 하지만 좀 위화감이 남는 재회였다.

5년이라는 세월은 어디로 갔는지, 할머니의 말투는 사흘 정도 만나지 못한 사람을 대하는 듯했다. 그러면서도 묘하게 반가움이 묻어났다.

나는 혼란스러웠다. 나를 다른 사람과 착각한 걸까. 아냐, 재회하는 순간에 할머니가 나를 바라본 시선에는 친밀감이 담겨 있었는데. 나는 그걸 알 수 있었다. 그렇다면 어째서 5년에 이르는 세월이 사흘 정도로 단축되었을까.

나와 재회함으로써 할머니의 기억 폴더가 갑자기 열린 것이라고 생각한다. 할머니의 머릿속에 기억된 '나'는 전혀 빛바래지 않고 선명한 색채를 두른 '나'였다. 기억 폴더에 담긴 '나'의 해상도가 너무 높은 나머지 할머니는 5년이라는 시간이 경과했다고 체감할 수 없었던 것 아닐까.

할머니는 눈앞에서 5년 후의 나를 보는 것과 동시에 기억 폴더 속에 살아 있던 5년 전의 '나'를 본 것이다.

아마 폴더 속에 담긴 기억은 고해상도의 선명한 색채뿐 아니라 목소리의 억양과 리듬, 냄새와 감촉, 서 있는 자세와 몸짓 같은 분위기도 생생하게 보존하고 있을 것이다.

평소에 먼지를 뒤집어쓰고 있는 폴더는 몇 가지 조건이 갖춰지면 힘차게 열린다. 그것은 떠올린다기보다는 폴더에 담겨 있던 신선한 '나'라는 존재가 바깥으로 튀어나오는 느낌이지 않을까. 마치 팝업 북처럼. 할머니의 기억은 '어제 일처럼

떠오르는 것'이 아니라 '지금, 눈앞에서 일어나는 일'로 나타
나는 것이라고 나는 생각한다.

반가운 사람은 5년 만에 다시 만난 눈앞의 '나'. 감기에 걸
려서 쉰 사람은 기억 폴더 속에 살아 있는 '나'. 할머니의 시선
은 양쪽 모두에 향했던 것이다.

그 일이 할머니와 나의 인연에서 비롯된 것이었을까? 그렇
지는 않을 것이다. 그저 우연에 불과하다. 어쩌다 '무언가'가
절묘한 타이밍에 동기화한 것이다. 그 일은 재현될 것이 아니
었다.

볼일을 마친 나는 돌아가는 길에 할머니에게 들렀다. 작별
인사를 하는 내게 할머니가 물었다.

"어머, 누구시더라."

3장

두 사람의
나

1 ———————

사람의 몸은 쉽게 건드릴 수 없다

어쩔 수 없다는 합의

뼈와 가죽만 남은 사람이 있다. 번데기처럼 단단해 보이는 사람이 있다. 수축을 잊어버린 피부 속의 지방이 축 늘어진 사람이 있다. 눈동자 안쪽이 희부예서 어딜 보는지 알 수 없는 사람이 있다. 쉬지 않고 입을 오물거리는 사람이 있다. 알아듣지 못할 만큼 빠르게 말하는 사람이 있다. 엉덩이를 바닥에 붙이고 애벌레처럼 이동하는 사람이 있다. 눈을 뜬 채로 자는 사람이 있다.

늙은 몸은 사람마다 다르게 변형되어 있다. 몸의 일부는 축 늘어져 움직이지 않기도 하고, 일부는 쉬지 않고 움직이기도 한다. 상대방이 없어도 말을 멈추지 않거나 아무것도 없는 허

공에서 무언가를 붙잡으려고도 한다.

그 변한 모습과 언행은 예상을 뛰어넘는다. 겉보기는 조그마한 몸인데, 막상 들어보면 묵직하게 무겁다. 물이 가득 찬 주머니처럼 중력에 끌려 아래로 처진다. 떨어뜨리지 않으려고 힘주어 붙잡으면 관절에서 소리가 나고, 그 감촉이 손으로 느껴진다. 며칠 뒤, 너무 세게 쥐어버린 피부에는 보라색 멍이 들어 있다.

솔직히 말하면, 좀 무서웠다. 어떻게 건드리면 될지 몰라 주저했다.

게다가 사람의 몸에 '손을 대는 것'은 먼저 상대방의 양해를 구해야 하는 행위다. 어떡해야 양해를 얻을 수 있을지 알 수 없었다. 또한 손을 대는 게 괜찮다 해도 사람에게는 결코 건드려서는 안 되는 영역이 몸에도 마음에도 존재한다. 그 알기 어려운 영역을 조심한다고 해도 '저항'을 마주할 때가 적지 않았다. 자신의 몸을 타인에게 맡기기 어려운 것과 마찬가지로 돌보는 쪽도 쉽사리 손댈 수는 없다.

나에게 돌봄이란 그 노쇠한 육체에 손대는 것에서 시작됐다.

나이가 들수록 예전에는 가능했던 일이 하나씩 하나씩 불가능해진다. 몸은 생각대로 움직이지 않게 된다. 노쇠한 사람은 자신의 몸을 타인에게 맡길 수밖에 없다. 타인 또한 그 몸을 맡을 수밖에 없다.

적어도, 어르신들이 돌봄을 기꺼이 받지는 않았다. 돌보는 나도 돌봄을 기꺼이 하는 것은 아니었다. 그것은 어쩔 수 없이 시작되는 일이었다. 노쇠한 사람은 어쩔 수 없이 자신의 몸에 손대게 한다. 그 몸을 맡은 사람도 어쩔 수 없이 손을 댄다.

그렇지만 나는 바로 어쩔 수 없이 시작된다는 점이 우리를 구제한다고 생각하게 되었다. 그것은 어떠한 방책도 남지 않았을 때 시작되는 협력 관계와도 비슷하다. 잘난 체라고는 하지 않는 두 사람이 어쩔 수 없이 서로 협력한다. 서로에게 큰 기대를 품지 않은 채 당면한 일과 마주할 수 있다.

'어쩔 수 없다'에는 수용이나 공감과는 다른 긍정이 존재한다. 더 이상 손쓸 방법이 없는데도 불구하고 '안녕히'라며 작별조차 할 수 없는 어쩔 수 없음. 둘이서 하나의 행위를 완수하기 위해서는 '어쩔 수 없다는 걸 합의'하는 것부터 시작하는 게 마음 편했다.

두려움과 부끄러움

자신의 몸을 타인에게 맡기려면 용기가 필요하다. 내 몸을 맡는 사람이 가족이든, 전혀 모르는 타인이든 상관없다.

나는 어느 할머니를 휠체어에 앉히기 위해 끌어안으려고
했다.

"잠깐, 기다려! 좀 있어봐!"

스타카토로 말하는 목소리의 울림에서 공포심이 강하게
느껴졌다. 할머니의 팔은 내 목에 매달려 있었지만, 막상 몸
을 들어 올리려고 하니 계속해서 "잠깐 기다려."라고 비통하
게 외쳤다.

할머니는 손톱을 깎는 것도 무서워했다. 어떤 손가락도 내
밀지 않으려 했다. 손은 주먹을 꼭 쥐고, 몸은 잔뜩 긴장했다.
할머니의 주먹을 펴려고 하면 염불을 외듯이 "좀 있어봐."라
고 크게 외쳤다.

할머니가 마음의 준비를 마칠 때까지 기다리고 싶었지만,
그러다가는 해가 질 것 같았다. "잠깐 기다려!"는 "싫어!"와
동의어였다. "괜찮아요."라는 말은 두려워하는 마음에 소용
없을 뿐이다. 할머니는 체념의 경지에 이르러서야 내게 몸을
맡겼다.

어느 날 있었던 일이다.

어르신들의 저녁 식사로 크림스튜를 만들었다. 20대 여성

직원에게 간을 봐달라고 작은 접시에 스튜를 담아 건넸다. 감상이 궁금한 나의 시선은 자연스럽게 그 직원의 입으로 향했다. 직원은 입을 오물오물할 뿐 말을 하지 않았다.

"이상해?"

내가 보채자 그는 "음식 먹는 입을 보는 게 부끄러워요."라고 했다. 그런 부분에 부끄러움의 급소가 있을 줄은 전혀 몰랐다. '부끄러움'도 '두려움'과 마찬가지로 몸과 강하게 연결되어서 타인의 간섭에 저항하는 것이었다.

생각해보면 입은 신체에서 부끄러운 부분일지도 모른다. 타인에게 입 속이나 혀를 보여주는 것은 나도 내키지 않는다. 내장의 입구인 입에도 일종의 부끄러움이 숨어 있는 것이다. 내장의 출구인 엉덩이의 구멍이라면 더더욱 그렇다.

두말할 필요 없겠지만, 배설에 타인이 얽히면 말로 표현할 수 없는 수치심이 든다. 내 지인 중 한 사람은 라디오를 켜고 음량을 키운 다음 화장실에 들어간다. 배설물을 보이는 것은 물론이고 배설음을 내는 것만으로도 부끄럽다고 했다. 하물며 오줌이나 똥을 지리고 그 뒤처리도 제대로 못해서 타인에게 맡겨야 하는 심정은 오죽하겠는가. 거기에 성기까지 남 앞에 노출되니 부끄러움의 극치라 할 것이다.

마음은 세면대에 내려두고

배설을 실패한 장면과 맞닥뜨렸을 때, 돌보는 사람은 어떤 태도로 등장해야 좋을까.

'맡겨주세요!'라며 반기는 느낌이면 열이 받는다. '안됐군요.'로는 아무 도움도 안 된다. '불쌍해라.'라는 태도는 그 자리에서 도망치고 싶게 한다. 마음이 담기면 오히려 더 괴롭게 느끼는 사람은 과연 나뿐일까.

"다리 조금만 들고, 네, 저쪽을 보고요, 좋아요, 수건으로 닦을게요. 네, 감사합니다." 이런 느낌으로 나는 당사자가 품고 있는 감정에 신경도 쓰지 않는 태도로 일해왔던 것 같다.

돌보기 위해서 처음 내 어머니를 만졌을 때, 설명할 수 없는 부끄러움과 생리적인 혐오감을 느꼈다. 함께 걷기 위해 손을 잡기만 해도 그런 느낌이 들었다.

오래전에는 어머니가 내 손을 잡아 이끌어주었고, 내 생식기를 씻겨주었다. 그리고 오랫동안 어머니도 나도 서로 몸에 손댄 적이 없었다. 어머니와 입장이 뒤집힌 것에 내 몸이 어색해한 것이었다. 내 몸은 혼란과 긴장 속에 있었다. 몸을 맡기는 어머니도, 맡은 나도 '두려움'과 '부끄러움'을 느꼈다.

어머니는 배설의 뒤처리를 잘하지 못한다. 사용한 휴지를 변기에 버리지 않고 세면대에 올려두거나 바닥에 던져놓기도 한다. 특히 대변을 본 다음에는 주의가 필요하다. 성공적으로 화장실에서 배설을 해도 난간이나 변기에 똥을 묻히고만다. 그건 약과일 뿐, 지리기라도 하면 눈을 가리고 싶어지는 광경과 마주하게 된다.

나는 지긋지긋하다는 눈빛으로 어머니를 쏘아본다.

그럴 때 어머니는 "미안해."라고 연신 사과한다. 때로는 소리 높여 울기도 한다. 어머니는 똥으로 범벅이 되었을 뿐 아니라 한심함, 부끄러움, 그리고 두려움으로 범벅이 되었다. 제대로 하지 못하는 것에 대한 한심함. 지려버린 것에 대한 부끄러움. 타인의 눈에 대한 두려움.

어머니를 구석으로 몰아넣은 나는 자기 자신이 두려워져서 한심함과 부끄러움에 빠진다. 어머니가 지린 것을 가차 없이 비난하는 자신에 대한 두려움. 상처 입은 어머니를 따뜻하게 보듬지 못하는 것에 대한 한심함. 인간으로서 부끄러워해야 하는 태도를 취한 것에 대한 자책.

마음이 방해된다고 생각했다. 그래서 잠시 동안 몸에서 마음을 떼어 세면대에 올려두기로 했다. 무심하게 어머니의 엉덩이와 바닥을 닦았다. 똥으로 범벅이 된 어머니의 몸이 다시 쾌적해지도록 노력했다. 따뜻한 타월로 깨끗하게 닦았다. 샤워를 시켰다. 푹신푹신하고 큰 타월로 몸을 감쌌다.

"시원해?"

어머니에게 물어보니 "기분 좋아."라고 답했다.

신뢰보다 '익숙함'

몸의 접촉에는 섬세하고 신경질적인 감정이 뒤따른다. 다양한 '두려움'과 '부끄러움'이 뒤섞여서 때로는 매우 심각해지기도 한다. 그럴 때는 일부러 둔감하게 접하려 한다.

어머니가 배출한 똥을 보고 감상을 말하자고 마음먹었다. "코끼리 못지않은 크기네." 또는 "염소 똥처럼 데굴데굴 굴러다녀." 하는 식으로. 그와 더불어 "내 똥이 더 커."라거나 "오늘은 내가 졌는데."라고 경쟁하듯이 말했다. 냄새가 무척 강렬할 때는 "내 똥이 더 구려."라고 자랑했다. 어머니는 "말도 안돼."라고 반쯤 어처구니없어하며 웃었다.

어머니의 더러워진 항문은 비데를 이용해 내 손으로 닦아드렸다. 몸을 앞으로 구부린 어머니는 "힘들어."라며 불만스럽게 중얼거렸다. "나도 허리가 아프니까 다리를 주물러줘."라고 부탁해보았다. 어머니는 열심히 내 종아리를 문질렀다.

이게 습관이 되자 어머니는 내가 요구하지 않아도 적극적으로 내 다리를 주물렀다. "네 다리를 문지르면 따뜻한 물이 나와서 기분 좋아."라고. 내 손바닥에서 따뜻한 물이 나온다고 착각하는 것 같았다.

맡기다, 맡다. 이 과정을 반복하는 사이에 두 몸은 서로에게 익숙해지기 시작한다. 몸이 편안한 것과 심각해지지 않도록 여유를 갖는 것은 익숙함을 촉진해준다. 신뢰 관계라기보다는 익숙함을 바탕에 두고 타인에게 몸을 개방할 수 있게 되는 것이다.

2

쾌락과 폭력

녹아버린 버터처럼 저항하는 사람

일어나도 힘들다. 누워도 힘들다. 어떻게 해도 몸 둘 곳이 없는 할아버지의 이야기.

걸음걸이는 두고 볼 수 없을 만큼 위태롭다. 나도 모르게 부축하려 하면 일부러 몸에서 힘을 빼 바닥에 털썩 주저앉는다. '건드리지 마. 내 몸을 만지면 넘어져버릴 거야.'라고 경고하는 듯했다.

자신의 몸을 인질 삼아 돌봄을 거부하는 사람은 별로 없다. 할아버지의 집에는 건강 관련 책들이 빽빽이 꽂혀 있었다고 한다. 운동에도 여념이 없었다고. 용의주도하게 자신의 노쇠를 경계했던 모양이었다. 할아버지는 분하니까 거부하고, 한

심하니까 화를 내는 것이라고 생각했다.

녹아버린 버터처럼 바닥에 드러눕는 할아버지. 바닥에서 오른쪽으로 왼쪽으로 돌아눕기 시작했다. 어떤 자세로도 몸은 안정되지 않았고 계속해서 뒹굴뒹굴 굴렀다. 거기에 노인성 소양증까지 있어서 바닥에 대고 등을 긁으려고 움찔움찔했다.

나는 곁에서 그러는 모습을 지켜봤다. 더는 볼 수 없어서 할아버지의 상반신을 안아서 일으켜 앉혔다. 할아버지는 "긁어줘."라고 했다. 약을 발랐지만 "세게 긁어."라고 했다. 피부를 마구 긁어대고 싶은 충동에 사로잡혀 있었다.

'좋은 기분'에서 시작한다

나는 할아버지의 등을 아주 조금 긁은 다음 탁탁 두드렸다. 할아버지는 '그게 아냐. 손톱을 세워.'라고 말하는 듯이 몸을 좌우로 흔들었다. 난처하기 그지없던 나는 안마를 하기로 했다.

주물러서 풀어드리고 싶은데 근육의 감촉이 느껴지지 않았다. 뼈를 직접 만지는 듯했다. 주무를 때마다 늘어진 피부가 견갑골 위를 미끄러졌다. 뼈를 헤아리듯이 만져봤다. 그러자 할아버지는 내 손가락에 집중하기 시작했다. 안마를 받아 풀린 목과 어깨를 중심으로 몸 전체가 풀어지기 시작했다. 힘이 빠지자, 내게 몸을 맡겼다. 쓰다듬는 손가락을 음미하는 걸 알 수 있었다. 몸을 어쩌지 못하는 불쾌함에서 주물리는 긴장을 지나 굳은 곳이 풀리는 쾌락으로 몸이 녹아들기 시작한 것이다.

그에 호응하듯이 내 손가락도 할아버지의 몸에 집중했다. 할아버지의 쾌감이 손가락으로 전해졌고 기쁨이 느껴졌다.

만지고, 만져지는 것으로 생겨나는 쾌락은 두렵고, 부끄러운 '나'를 뛰어넘는다. '신뢰'란 '좋은 기분'에서 시작되는지도 모른다.

할아버지는 안마를 받으면서 조금씩, 조금씩 이야기했다.

"살아 있는 것만으로도 힘들어. 차라리 죽고 싶어. 하지만 스스로 죽는 건 못 해. 죽지 못하니까 밥을 먹어야 해. 하지만 밥을 먹는 것도 힘들어. 어차피 밥을 먹어야 한다면, 맛있는 걸 먹고 싶어."

할아버지가 장수하는 비결을 알 것 같았다.

쾌락에서 비롯된 오해

몸에서 발생하는 쾌락은 돌봄을 받고 있다는 현재 상황을 뛰어넘어서 현실적인 오해를 유발하기도 한다.

변비로 고생하는 할머니에게 복부 마사지를 해주었다. 살갗이 하얗고 마른 할머니였다. 피부 위로 두드러진 갈비뼈가 파자마 안쪽으로 보였다. 옆으로 돌아눕기만 해도 부러질 듯한 몸을 천천히 안아서 일으켰다. 일단 침대 옆에 앉히고는 할머니가 일어설 수 있도록 서로 마음의 준비를 했다.

"자, 일어설게요."

절을 하듯이 앞으로 기울인 자세로 힘을 주며 일어섰다. 그다음 다시 절하는 자세로 휴대용 변기에 할머니를 천천히 앉혔다.

할머니와 나는 분홍색 커튼으로 둘러싸인 작은 공간에 단둘이 있었다. 단단히 굳은 할머니의 배를 풀기 위해서 시계 방향으로 문질렀다. 그때였다. 할머니가 내 손을 잽싸게 잡더니 속삭이듯이 말했다.

"안 돼, 다른 사람이 봐."

커튼의 틈새로 복도를 걸어가는 사람을 본 것이다. 남성이 여성을 돌볼 수밖에 없는 상황이라 죄송했다. 다행이었던 점

은 할머니가 공포를 느끼지는 않는 듯했다는 것이다. 돌봄을
받는 중이라고 의식하지 않고, 두 사람이 특별한 관계라는 설
정으로 나를 맞이한 것 같았다.

이런 현상은 여성이 남성을 돌볼 때도 일어난다.

여성 직원이 할아버지의 목욕을 도와주던 때의 일이다. 젊
은 여성이 정성스레 할아버지의 몸을 씻기고 물기를 닦아주
었다. 시원해진 할아버지는 직원에게 말했다. "이따 어젯밤의
복습을 하자."

"할아버지가 엉큼해요. 저를 잠자리로 불렀다니까요. 말
투가 엄청 의미심장하더라고요." 직원은 그러면서도 말했다.
"할아버지한테 딱 잘라 말했어요. 괜찮겠어요? 사모님이 계
시잖아요."

좋아한다든지 싫어한다든지 하는 감정이 아니라 '친밀한
관계가 아니라면 이런 상황은 일어나지 않는다.'라는 상식을
노혼이 발동한 것이다. 그래서 돌봄이 이뤄지는 중이라고 인
식하기보다 비밀스러운 일을 한다고 받아들이는 듯했다.

배설, 목욕, 차량 탑승 같은 일을 돌볼 때는 몸끼리 바싹 밀
착할 수밖에 없다. 돌보다, 돌봄을 받다, 하는 계약적인 양해
를 서로 하기 때문에 접촉이 폭력으로 변질되지 않을 수 있
다. 하지만 노혼은 그런 개념을 뛰어넘어서 접촉을 받아들여

버린다. 적어도 싫다는 느낌이 들지 않으면 손대게 해주었던 것이다. 노혼은 '나'와 '당신'이 맺은 관계를 신뢰하는 것이 아니라 그 상황의 관계성을 신뢰할 때가 있다.

전부 아는 몸을 만지다

돌봄이라는 일에는 수많은 만남과 작별이 함께한다. 1개월도 지나지 않아 작별하는 사람이 있는가 하면, 20년 넘게 함께하는 사람도 있다. 밀접하게 몸을 서로 만지는 관계이기 때문에 오래 함께하는 사람과는 상대방의 몸을 전부 알게 된다.

"저기, 밥상을 지나칠 때쯤에 방귀가 나와요." 발바닥을 끌면서 걷는 할머니를 가리키며 베테랑 직원이 말했다. 그 직후, 엉덩이에서 "부부부부부우." 하고 김빠진 듯한 소리가 났다. 예언이 적중한 것에 나는 혀를 내둘렀다.

할머니는 빈뇨 증상 때문에 화장실을 부지런히 다녔다. 밥상을 지나치면 방향을 전환하는데, 체간을 비틀 때 복압이 높아지는지 잠금이 풀린 항문에서 가스가 새어나왔다. 베테랑 직원은 그럴 확률이 높다는 걸 알고 있었다. 방귀까지 예견할 정도이니 돌보는 사람의 실력이란 가공할 만하다.

빈뇨 증상이 있는 그 할머니와는 오랫동안 함께했다. '화장실 백일기도'라고 할 만큼 화장실을 들락날락했지만, 할머니도 밀려오는 세월은 이기지 못했다. 스스로 걸을 수 없게 되자 할머니는 "화장실, 화장실!"이라고 목청껏 호소했다.

손을 잡고 걷다 보면 할머니의 무릎이 푹 꺾일 것 같은 순간이 있다. 그럴 때는 할머니의 뒤로 돌아가서 내 무릎으로 할머니의 다리를 받쳐주기도 했다. 그래도 걷지 못할 때는 내 발 위에 할머니의 발바닥을 올리고 걸어간 적도 있다. 곁에서 보면 할머니가 나를 조종하는 듯이 보이기도 했을 테고, 내가 할머니를 조종하는 것처럼 보이기도 했을 것이다.

전혀 걸을 수 없게 된 다음에는 휠체어로 화장실에 갔다. 할머니의 "화장실!"은 저세상에서 마중을 나오기 직전까지 이어졌다.

더 이상 "화장실!"이라는 목소리가 들리지 않다가, 계속 누워만 있었다. 먹는 양이 줄어들었고 물도 마시지 않았다. 수명이 다하기 시작하면, 우리가 손대는 방식도 달라진다. 식사, 배설, 목욕, 수면 등의 행위가 이뤄지도록 하는 '손대기'에서 생명을 느끼기 위한 '손대기'로 변화하는 것이다.

컨디션 최상의 죽어가는 몸

손가락으로 맥박을 느꼈다. 두근두근 빠르거나 두우근…두우근 느리거나. 둥둥 힘차거나 두…웅…두…웅 약하거나.

소리는 호흡이 편안한지 힘든지 전해준다. 하아하아, 휘이휘이, 쌕쌕, 새근새근….

손과 귀를 대면 기도와 폐의 활동이 느껴진다.

피부에는 얼음처럼 차가운 부분이 있는가 하면, 따끈따끈하게 온기가 있는 부분도 있다.

총체적으로는 죽음에 가까워지고 있지만, 세포들 하나하나는 활기차게 활동한다. 얼마 남지 않은 비축분을 세포와 기관들이 나누어서 순환을 일으키며 불태운다. 그 협력과 연계는 몸의 역사상 최상의 컨디션으로 이뤄진다. 사람은 마지막에 죽는 것이 아니다. 마지막까지 살아가는 것이다.

바로 그래서 우리는 오감을 전부 활용하여 집중하고 부지런히 손을 움직인다. 그러면 여섯 번째 감각이 찾아든다.

명심해야 하는 점은 마지막까지 쾌적함을 유지할 것. 덥지 않도록, 춥지 않도록. 너무 어둡지 않도록. 소리가 들리도록. 숨 쉬기 편하도록. 아프지 않도록.

그러도록 몸을 만진다.

할머니가 임종을 맞이했을 때, 오랫동안 할머니를 돌보지 않았던 나는 그 몸에 손댈 수 없었다. 할머니와 나 사이에는 10년 넘게 쌓은 관계가 있었다. 내게는 임종을 지킨 경험도 있었다. 그런데도 손을 대기가 꺼려졌다.

어느 가족이 했던 말이 머릿속에서 되살아났다. 집에서 돌보다 한계를 느낀 따님은 어머니를 요리아이에 입주시켰다. 몇 년 뒤, 그 어머니가 임종을 앞두게 되었다. 따님에게 가까이 다가가서 모친 옆에 앉도록 권했다.

"그 자리에 앉을 자격은 없어요."

따님은 그렇게 말했다.

어머니를 끝까지 돌보지 못했다는 죄책감에서 나온 말이라고 생각했지만, 그게 전부가 아닌 듯한 뉘앙스가 느껴졌다. 따님이 느낀 '자격 없음'과 내가 느낀 '손댈 수 없음'에는 공통점이 있다고 생각할 수밖에 없었다. 죽어가는 몸과 감정으로 교류할 수 없는 '거리감'을 느껴버린 것이다. 죽어가는 몸과 교류할 수 있는 것은 그 몸을 계속 만져왔던 손뿐이다.

이제 와서 생각하지만, 스스럼없이 손댔다면 좋았을 것 같다. 늘어진 피부를 잡아당기거나. 백발 섞인 거칠거칠한 머리카락을 쓰다듬거나. 팔뚝을 주무르거나. 뜬금없는 곳에 자라난 하얀 털로 장난치거나. 더욱 까불어도 좋았을 것이라고 후회하고 있다.

3 ————————

동기화는 기분 좋아

동기화하는 두 사람

교토 단고반도의 산골짜기에 자리한 마을에서 살아가는 우메쓰 요시히코 씨와 부인인 히사요 씨의 다큐멘터리를 보고 충격을 받았다. (「보이지 않고 들리지 않아도: 부부 두 사람의 산골 생활」 NHK 2015.)

히사요 씨는 눈이 보이지 않고, 귀가 들리지 않는다. 그래서 두 사람은 서로 손을 접촉하는 '촉수어觸手語'*로 마음을 주고받는다.

서로 밀어내듯이 서로 엉키듯이 손을 엮는 두 사람이 화면

---

* 수어를 전혀 보지 못하는 시청각장애인이 수어를 쓰는 상대방의 손에 접촉하여 촉각으로 대화하는 것을 가리킨다.

에 나올 때, 저토록 사이가 좋다니 감탄했다. 하지만 그것은 부부가 소소하게 싸우는 장면이었다. 손을 맞잡는 것은 그만큼 사이가 좋다는 의미라는 기존의 생각부터 완전히 뒤집혔다.

히사요 씨는 청소를 하고 남편을 위해 도시락을 만든다. 점심시간에는 컴퓨터를 사용해서 남편에게 메시지를 보낸다. 애지중지하며 키우는 식물에서 새로 자라난 싹을 만지고 기뻐한다.

처음에는 히사요 씨의 중복된 신체장애에 눈길이 사로잡혔다. 설령 집안일을 해낸다고 해도 불충분한 면이 있을 것이라고 단정했다. 내게 히사요 씨는 '돌봄 대상자'라는 한정된 틀에 갇힌 존재였다. 하지만 히사요 씨는 그 틀을 아무렇지 않게 부숴버렸다.

방은 생활감 넘치는 상태로 정리 정돈이 되어 있었다. 부엌도 반짝반짝했다. 눈이 보이지 않기 때문에 물건에 제자리를 정해주고 관리하는 방식이 무척 합리적이었다. 부엌과 욕실 등 물을 쓰는 곳은 꼼꼼히 만지면서 닦기에 얼룩이 하나도 없었다. 신체장애가 없는 나보다도 청결했고, 집 안 구석구석 정리 정돈이 잘되어 있었다. 겉보기에 속아서 얼룩을 놓치는 내 눈보다 히사요 씨가 훨씬 잘 보고 있었다.

당연히 신체장애 때문에 자유롭지 않거나 고생하는 점이 있을 것이다. 하지만 히사요 씨는 눈과 귀 대신 손발과 코로 세계를 인식했다. 눈이 보이지 않으니까 물건을 소유하는 방식이 달랐다. 눈이 보이지 않고 귀가 들리지 않으니까 타인과 관계를 맺는 방식도 달랐다.

신체장애 때문에 특정 행위를 잃는 것이 아니라 행위의 방식이 바뀌는 것이었다. 더 나아가 말하면 신체장애가 없는 몸과 신체장애가 있는 몸에는 각각의 몸에 맞는 활동과 세계를 인식하는 방식이 있다고 할 수 있다. 각각의 차이를 존중하면서 관계를 쌓을 수 있는 가능성을 우메쓰 부부가 가르쳐 주었다.

두 사람은 서로의 몸을 통해 하나의 행위를 완성했다. 요시히코 씨는 자신의 손가락에 메시지를 담았다. 히사요 씨는 그 메시지를 받으려고 손바닥의 회로를 열었다. 그다음에는 히사요 씨가 손가락에 마음을 담았고, 요시히코 씨도 자신의 손바닥을 펼쳐 회로를 열었다. 그들은 그렇게 대화하며 아침에 일일드라마를 함께 보았다.

'보기'라는 행위를 통해 두 사람의 몸이 동기화되었다.

둘이 함께 '지금 여기'를 인식하다

동기화란 '동조하다, 타이밍을 맞추다, 동시에 일어나다' 같은 식으로 설명된다. 나는 돌봄에서 동기화란 '둘이 함께 지금 여기를 인식하는 것'이라고 생각한다.

잠만 자는 할머니. 어쩌다 눈을 뜨고 있으면 "어? 오늘은 어쩐 일이세요?"라고 말을 걸고 싶을 정도였다. 돌이켜보면 최근 수년 동안 목소리도 들은 적이 없었다. 이대로 돌보기를 그만두면 불평도 하지 않고 죽어버릴 듯했다. 자신의 몸을 놓아버린 듯이 보였다.

그렇지만 싫은 일에는 민감하게 미간에 주름을 잡았다. 가끔은 만족스러운 표정을 지을 때도 있지만, 그저 돌보는 사람의 기분이 투영되어 그렇게 보였을 뿐인지도 몰랐다. 매일매일 대체로 무표정했기 때문에 서로 교류한다는 느낌이 들지 않았다.

그럼에도 불구하고 '혹시 소변을 보고 싶은 게 아닐까?' 하는 생각이 들 때가 있었다. 서둘러 변기에 앉히면 할머니는 기다렸다는 듯이 소변을 보았다. 변기를 쪼갤 듯한 기세로 소변을 보는 소리를 듣고 있으면 말로 할 수 없는 상쾌함이 느껴졌다. 마치 내 방광이 텅 비는 듯한 착각까지 들었다.

그럴 때, '동기화했다'고 생각한다.

멍하니 있으면 느껴지는 것

할머니의 몸이 발신하는 소변 신호를 돌보는 몸이 무의식 중에 수신하는 느낌이 들었다. 내게는 기록과 배뇨 간격을 파악해 이뤄지는 의식적인 돌봄보다 몸의 교감에 이끌려서 이뤄지는 무의식적인 돌봄을 선호하는 경향이 있다.

'배뇨 간격을 파악하다.' '기록하다.' 같은 일상적인 대처의 배경에는 '화장실에서 배설해야 한다'는 목적이 있다. 목적이 앞서는 돌봄은 일방적인 폭력을 잉태하기 쉽다. 그런 돌봄이 조직화된다면 더더욱 그렇다.

조직은 목적 달성을 위해 개인에게 역할을 부여하고, 역할을 받은 개인은 목적 달성에 혈안이 된다. 당사자를 위해서 하는 일인지 조직을 위해서 하는 일인지 구별하지 못하는 본말전도가 눈치채지 못한 사이에 진행된다.

물론 기록(데이터)으로 배뇨 간격을 파악하는 것을 비롯해 좋은 돌봄을 실현하기 위해 의미와 가치를 추구하는 태도는 필요하다. 하지만 돌보는 사람의 의식이 너무 앞서 나가면 노쇠한 몸에서 나오는 신호를 잡아내는 감수성을 기를 수 없다.

'할 것'이나 '해야 하는 것'으로 머리도 몸도 가득해지면 어르신들의 몸이 내는 미약한 신호를 받아들일 여백이 생겨날 수 없다. 목적, 가치, 의미로 빈틈없이 메워진 돌봄에는 어르신들을 일상생활에서 멀리 떨어뜨리는 측면도 있다. 자동차의 핸들에 놀이 요소가 있듯이, 돌보는 사람에게도 놀이가 필요하다.

돌보는 사람의 몸에 여백을 기르려면 때로 멍하니 있을 필요가 있다고 나는 생각한다. 멍하니 있으면 감각기관이 열리기 시작한다. 일단 감각이 열리면 주위의 온갖 것들과 교감할 수 있다. 그렇게 하면 노쇠한 몸의 소리 없는 목소리가 돌보는 사람의 몸에 축적된다.

나에게 어르신의 무의식과 돌보는 사람의 무의식이 연결되는 시간과 공간은 모두가 요리아이의 거실에 모일 때 나타났다. 어르신들과 함께 있으면 점차 무언의 요구를 불현듯 느낄 수 있게 된다. 레크리에이션을 열심히 하는 것도 즐겁지만, 때로는 맛있는 차를 홀짝이며 어르신들과 멍하니 시간을 보낸다. 그런 시간과 자리를 의식적으로 만들려고 한다.

시공을 뛰어넘는 동기화

"삐리, 삐리, 삐리이."

"삐리, 삐리, 삐리이."

"삐리, 삐리, 삐리이."

염불을 외듯이 말하는 사람은 98세의 할머니.

"삐리, 삐리, 삐리이가 뭐예요?"라고 물어보니 "삐리, 삐리, 삐리이, 하거든"이라고 허벅지를 문지르며 답했다.

좌골신경통 때문이었다. 어떤 통증일까. 아직 신경통을 경험해본 적 없는 나는 알 방법이 없었다. 할머니의 표정과 말투에서 추측해보면 전기가 통하는 느낌일까.

그때 나는 어땠느냐면, 할머니의 목소리에 푹 빠져 있었다. 매료되었던 것이다. 목소리에 깃든 울림이 좋았다. 할머니의 아픔에는 아랑곳하지 않고 "삐리, 삐리, 삐리이."를 듣는 게 기분 좋았다.

할머니는 105세라는 천수를 누리고 눈을 감았다. 문득 "삐리, 삐리, 삐리이."를 떠올릴 때가 있다. 전에는 돌아가신 할머니를 돌이키는 식으로 기억이 되살아났는데, 최근 들어 그것과 조금 다르게 "삐리, 삐리, 삐리이."가 떠오르게 되었다.

나이를 먹어가는 내 몸에도 전기가 통하게 된 것이다. 그

때는 몰랐던 통증. '아파'라는 말만으로는 전할 수 없는 감각을 표현할 때, 그야말로 "삐리, 삐리, 삐리이."라고 할 수밖에 없다.

요추에서 출발해 꼬리뼈를 건드리면서 오른쪽 넓적다리의 고관절을 종점으로 통증이 일어난다. 전기가 흐른 뒤 무지근한 통증이 여운처럼 한참 남는다. 전기는 순간적으로 나타났다 사라지지만 통증은 마음을 울적하게 한다.

"할머니가 느꼈을지도 모르는 통증을 저도 느끼고 있어요."라고 할머니에게 말하고 싶다.

내 몸은 할머니의 몸과 동기화한 것이다. 지금은 존재하지 않는 몸과. 아니, 그보다는 내 몸에 할머니가 깃든 듯한 느낌까지 들었다. 혼자서 통증을 감수하는 느낌이 들지 않는 것이다. 그 통증은 내 것이며, 그와 동시에 할머니의 것이기도 하다고 뼈저리게 느낀다.

그리하여 나는 "삐리, 삐리, 삐리이."를 입에 담게 되었다.

4 ———————

동기화일까, 탈취일까

저항 방뇨

할아버지의 방뇨에 꽤 애를 먹었다. 도처에 오줌을 싼 것이다. 남몰래 배출된 오줌은 시간이 지나며 강렬한 냄새를 풍기기 시작했다. 우리는 그 뒤처리에 쫓기는 식으로 대처하고 싶지 않았다. 무엇보다도 할아버지가 '마음 편하게 소변을 보는 것'을 조직적 목표로 삼았다. 그리하여 직원 일동은 최대한 신경을 곤두세워서 할아버지의 배뇨와 동기화하게 되었다.

할아버지가 일어서면 기다렸다는 듯이 화장실로 안내했다. 안절부절못하는 것 같으면 먼저 말을 걸었다. 사사건건 화장실로 데려갔다.

직원이 말을 걸 때마다 할아버지의 저항은 점점 심해졌다.

소변을 보고 싶을 텐데, 일부러 다른 곳에 방뇨했다. 꽃 한 송이가 꽂힌 작은 항아리, 접힌 커튼 자락, 갓 설거지한 컵. 때로는 직원의 손을 뿌리치고는 높은 곳에 위치한 생선 굽는 그릴을 꺼내서 까치발로 소변을 보았다.

노골적으로 우리의 돌봄에 대한 저항이었다. '당신들 머릿속에는 화장실밖에 없는 겁니까?'라고 항의하는 듯했다.

작은 집단 내에서 돌봄이 이뤄지면 함께 지내는 시간이 길어질 수밖에 없다. 몸과 몸은 함께 있는 것만으로도 교감하기 시작한다. 시간이 조금 지나면 '혹시 소변인가?' 하고 직감할 수 있게 된다. 의식하지 않아도 상대방의 배설 감각에 쉽게 동기화한다.

돌보는 사람의 입장에서 할아버지의 변의를 포착해 딱 맞는 타이밍에 화장실로 인도하여 배설할 수 있게 하는 것은 감개무량한 일이다. 할아버지의 몸과 잘 동기화했다며 상쾌함과 성취감에 충만해진다. 기분 좋게 동기화했다고 느끼는 것이다.

그렇다면 어째서 할아버지는 저항하는 것일까.

실마리는 '불만스러운 동기화'

변의, 즉 배설할 듯한 느낌은 '나'만의 고유한 감각이다. 본래 타인이 알 수 없는 느낌인 것이다. 그런데 할아버지에게는 타인의 몸이 그 느낌을 눈치채고 개입했다. 섬뜩하게 받아들여도 이상하지 않은 일이다. 그 관계에 신뢰가 없다면, 자신의 몸을 탈취당한 느낌일지도 모른다.

타인에게 거의 지배당하듯이 동기화를 당하여 화장실에서 배설하는 것보다 내 멋대로 방뇨할 수 있다는 사실에 기쁨을 느끼지 않았을까. 노상 방뇨에는 일종의 쾌감이 있는데, 할아버지가 그런 기분을 손에 넣었던 것이라고 생각해볼 수 있다.

아니면 공간을 인식하지 못하는 할아버지가 화장실에서 배설하고 싶은데 화장실에 갈 수 없어 속이 탔을 수도 있다.

어느 쪽이든 돌보는 사람에게는 기분 좋은 동기화가 할아버지에게는 불만스러운 동기화가 될 수 있다는 말이다.

간호, 요양보호, 돌봄. 뉘앙스는 다르지만, 서로를 구속하는 행위다. 특히 신체 돌봄은 서로의 몸을 탈취하는 것이나 마찬가지다.

먹고 싶은 몸에 먹고 싶지 않은 몸이 함께한다. 배설하고 싶은 몸에 배설하고 싶지 않은 몸이 함께한다. 잠자지 못하는 몸에 잠자고 싶은 몸이 함께한다. 돌보는 몸에는 그런 느낌과 감정이 항상 따라다닌다.

한편 돌봄을 받는 몸은 돌보는 쪽의 사정에 따를 수밖에 없다. 먹고 싶지 않은데 식사가 제공된다. 배설하고 싶은데 기다려야 한다. 잠들 수가 없는데, 지금 여기서 자는 게 좋다고 권유당한다.

타이밍이 우연히 맞을 때가 있지만, 의도적으로 타이밍을 맞추는 건 지극히 어려운 일이다. 그래서 양쪽 몸 모두 무리해서 서로에게 맞추길 강요당하고, 그렇게 자유를 잃는다. 어떻게든 이 굴레에서 벗어나고 싶다. 돌보다가 빼앗기는 자유를 돌보면서 되찾는 것. 그런 일이 가능할까.

실마리는 돌보는 사람들이 목표하는 딱 맞는 동기화보다 오히려 불만스러운 동기화에 있다.

어긋난 동기화에 안도하다

매사 타이밍이 맞지 않는 할아버지와 병원에 함께 간 적이 있다.

일단 현관부터 가지 않았다. 현관으로 가도 신발을 신지 않았다. 겨우 신발을 신고 밖에 나갔지만 차에 타지 않았다. 차에 타니 내리려고 하지 않았다. 간신히 차에서 내렸지만 병원에 들어가지 않았다. 병원에 들어가니 대기실에 앉아서 기다리지 않았다. 차례가 되었지만 진료실에 들어가지 않았다. 진료실에 들어갔지만 제자리에 앉지 않았다. 진찰이 끝났는데도 진료실에서 나가지 않았다.

요컨대 타인과 함께 같은 행동을 할 수 없는 것이다.

애초에 할아버지에게는 병원에서 진찰을 받겠다는 뜻이 없었기 때문에 합의라는 개념으로 대응할 수가 없었다. 할아버지의 타이밍에 맞추려는 노력이 필요했다.

일단 할아버지와 함께 '있는' 시간을 만들었다. 할아버지의 몸짓을 따라 해봤다. 할아버지가 다리를 꼬면, 나도 다리를 꼬았다. 할아버지가 머리카락을 빗쓸면, 나도 빗쓸었다. 할아버지가 걸으면 나도 걸었다.

그럭저럭 리듬을 맞출 수 있었다. 타이밍을 살피다가 '지금이다!' 싶은 순간에 할아버지보다 아주 조금 빠르게 행동에 옮겼다. 그러면 할아버지는 뭔가에 끌리듯이 나와 같은 행동을 취하기도 했다. 반사적으로 몸이 끌려가는 운동이 일어날 때가 있었다.

할아버지와 내 몸의 방향 및 위치에 신경 쓰면서 타이밍을 가늠하다가 손으로 유도했다. 할아버지의 몸과 리듬을 맞추다가 타이밍에 맞춰 순간적으로 리듬을 빼앗아 할아버지를 내 리듬에 태웠다. 그렇게 해도 궤도가 바뀌면 할아버지는 자신의 리듬으로 돌아갔다. 그런 줄다리기에 무척 공을 들였다. 몇 번이고 타이밍을 다시 맞추다 보면 거짓말처럼 같은 행동을 할 때가 있었다.

할아버지의 몸과 동기화하려 노력하면서 깨달은 것이 있다. 이 방법 저 방법으로도 잘 풀리지 않고 더 이상 손쓸 수 없을 때, 왠지 안도감이 들기도 했다. 순조롭게 일이 풀릴 때가 아니라 생각대로 되지 않았을 때 찾아드는 '이걸로 됐다.' 하는 느낌. 그 안도감 같은 것은 무엇일까.

서로 동기화하지 못하고 어긋났을 때야말로 할아버지의 모습이 선명해졌다. 어긋남으로 인해 할아버지의 의사를 알 수 있었다. 타이밍을 다시 가늠하면서 할아버지에게 관여하는 방식도 다시 생각했다. 때로는 돌보는 사람으로서 계획 자체를 놓아버리기도 했다.

그런 방식으로 합의해갈 때, 할아버지의 뜻이 더욱 존중되는 듯했다. 그리고 그런 합의를 거듭하면서 두 사람은 점점 자유로워졌다.

당신 누구야?

돌봄을 직업으로 삼다 보면 어르신과 나에게 사회에서 부여한 '역할'이 있다고 생각될 때가 있다. 어르신은 돌봄이 필요한 노인으로 돌봄을 받는 역할을 연기하고, 나는 전문직으로 돌보는 역할을 연기한다.

어느 할머니와 하룻밤을 함께 보낸 적이 있다. 따님이 집에 돌아갈 수 없는 사정이 생겨서 우리 시설에서 묵기로 한 것이다. 주간 돌봄 시간이 끝날 때가 가까워지자 할머니는 집에 돌아갈 준비를 했다. 자고 갈 생각은 전혀 없었다.

그날 당직이었던 나 혼자 할머니와 맞서야 했다. 할머니는 몇 번이고 집에 돌아가려 했다. 어떻게 해서든 돌아가고 싶은 할머니와 번번이 말리는 내가 서로 평행선을 유지한 채 시간이 흘렀고, 두 사람은 점차 대립하기 시작했다.

늦은 밤, 할머니는 "딸에게 전화해주면 안 돼요?"라고 애원했다. 나를 상대해봤자 뾰족한 수가 없다고 생각해서 딸과 직접 담판을 지으려는 것이었다. 따님에게 전화로 잘 이야기해달라고 요청할 수도 있었다. 하지만 따님은 돌봄에 지쳐서 어머니를 시설에 하룻밤 '묵게 한 것'이었다. 그런 사정을 고려하면 오늘 밤만큼은 돌봄을 잊고 편히 쉬게 해주고 싶었다.

나는 따님인 척하자고 마음먹었다. 할머니에게 수화기를

건네고 "따님과 통화해보세요."라고 했다. 휴대전화를 귀에
댄 나는 할머니와 등을 맞대고 앉았다.

"엄마, 왜 그래?"

따님의 음색을 흉내 냈다.

"아, 너구나. 왜냐니 말도 못 한다. 집에 가고 싶다는데도
보내주지를 않아."

할머니에게는 내 목소리가 직접 들렸지만, 할머니는 수화
기에서 들리는 따님의 목소리라고 착각했다.

"오늘은 거기 묵었으면 좋겠어."

"왜?"

"좀 피곤해서."

"저런, 그럼 내가 꼭 가야겠다."

(앗, 안 돼….)

오늘은 거기서 자라. 집에 가고 싶다. 한동안 입씨름이 이
어졌다. 처음에는 따님을 대변하는 심정으로 할머니에게 이
야기했다. 내 마음속 대부분을 따님의 사정이 차지하고 있었
던 것이다. 하지만 딸의 간청에도 할머니의 마음은 바뀌지 않
았다. 나는 점점 초조해졌다.

"아무튼 부탁이니까, 오늘 밤은 거기 있어주면 안 돼? 나

를 도와준다고 생각해서…"라고 부탁한 때부터 내 마음에 변화가 일어나기 시작했다. 더 이상 따님을 대변하는 게 아니라 내 마음을 그대로 전했다.

따님과 내가 동기화하여 새로운 '나'가 되어갔다. 할머니가 완강하게 저항할수록 따님보다도 '내 바람'이 두드러졌다. 당직으로서 '자고 가면 좋겠다'고 강하게 간청한 것이다.

"어쩔 수 없네."
할머니는 두 손 들었다는 듯이 말했다.
"고마워, 엄마."
나는 진심으로 기뻤다. 그때였다. 할머니가 물었다.
"근데, 당신 누구야?"

거짓말과 진심과 받아들임

나는 깜짝 놀라 눈을 크게 떴다. 딸이 아니라는 것을 언제부터 눈치챘을까. 딸인 척하는 수상한 사람을 위해서 할머니는 '하룻밤 묵기'를 받아들인 것이었다. 할머니는 빤히 보이는 거짓말을 용서해주고 딸도 아닌 모르는 사람의 바람을 들어주기로 했다.

나는 할머니를 속였다. 변명할 기회를 준다면 이렇게 말하고 싶다. '거짓말일 수도 있지만, 진심이었습니다.' 할머니는 거짓말을 책망하기보다 너무 난처해하는 내 진심에 응해준 것이라고 말이다.

그때, 나와 할머니는 사회가 할당한 '역할'에서 자유로워졌던 것인지도 모른다.

할머니에게는 하룻밤 묵을 생각이 없었고, 나 역시 개인적인 이유로 묵게 하려던 것은 아니었다. 할머니도 나도 사회적 사정에서 비롯된 '돌보고, 돌봄을 받는' 역할을 받아들일 수밖에 없었다. 그런 차원에 머물렀다면 나도 할머니도 자신의 의사를 억누르고 '역할'에 계속 얽매였을 것이다.

그렇지만 할머니는 난처해하는 타인을 위해 '하룻밤 묵기'를 받아들였고, 나는 그래서 할머니에게 진심으로 "고마워."라고 말할 수 있었다.

돌봄이라는 영역을 '두 명의 나'가 뛰어넘을 수 있었다.

시간과 장소, 우리들

변화하는 지남력

길 잃은 할아버지

어느 날, 민생위원이 뛰어 들어왔다.

"90세인 할아버지가 길을 잃었나 봐. 여자 고등학생이랑 손을 잡고 헤매고 있어."라고 했다. 아무튼 나도 달려갔다.

고등학생과 민생위원뿐 아니라 동네 사람들 몇 명이 할아버지 주위를 둘러싸고 있었다.

"한 글자 다른데 전혀 다른 동네네요."

할아버지가 같은 말을 되풀이하고 있었다.

"집 주소는 아세요?"라고 물어보자 할아버지가 술술 대답했다. 나도 얼추 아는 곳이었다.

"가까이 가면 아실 수 있을까요?"

"아아, 그럼요."

할아버지를 차에 태우고 출발했다.

그 동네는 오래된 주택단지였다. 대부분의 주소 표기는 빛 바래고 떨어져 있었다. 도로는 자동차 한 대가 간신히 지날 수 있었다. 분명히 집 근처였다. 그럼에도 불구하고 할아버지 는 아무 반응 없이 조수석에 앉아 있기만 했다.

"댁이 이 근처일 텐데요."

할아버지는 얼음이 된 채 정면만 바라보았다. 한동안 침묵 하다가 "아아, 오래전에 만들어진 정원이 있을 텐데요. 길 건 너에는 강이 흘러요."라고 말했다. 거기까지 가면 알 수 있는 듯했다. 나는 마음을 다잡고 차를 운전했다.

할아버지의 지시대로 도착했지만, 이번에도 전혀 반응이 없었다. 자동차는 정원을 지나쳐 강변을 따라 달렸다.

(이래서는 안 되겠는데.)

다음 수를 궁리하기 시작했을 때, 갑자기 할아버지의 전원 이 커졌다.

"저기 간판 있는 곳에서 우회전."이라는 말을 시작으로 "저 기, 좌회전. 저기, 우회전." 하고 안내가 시작되었다.

할아버지의 전원을 켜준 것은 어느 부동산의 간판이었다.

무척 낡은 간판이었다. 비를 맞아 생긴 물때가 검은 얼룩으로 남아 있었다. 오랫동안 태양에 노출된 페인트는 하얀 가루가 되어 간판 전체에 들떠 있었다. 그 간판이 시야에 들어온 순간, 할아버지가 깨어났다. 몸의 기억과 풍경의 초점이 맞은 듯했다.

다르게 보이는 산은 같은 산일까?

'보는 방식'이 달라지는 것 같다.

할아버지가 집 근처까지 가서도 위치를 인식하지 못한 것은 공간을 개념으로 파악하지 않았기 때문이다. 하늘에서 거리를 내려다보는 듯한 지도가 할아버지의 머릿속에는 없었을 것이다. 그래서 기억에 있는 풍경과 시야에 들어온 풍경이 일치하지 않으면 자신이 아는 공간으로 인식하지 못했던 것 아닐까.

산을 바라보는 할머니에게 "저 산 아세요?"라고 물어본 적이 있다. "잘 알지. 초록 나무가 많은 산. 색깔이 엄청 예뻐."라고 답했다. 나는 산의 이름을 물어본 것이었다. 할머니는 눈에 보이는 산의 모습을 있는 그대로 이야기했다.

할머니에게 산은 그 이름이 아니라 다채롭게 모습을 바꾸는 생물 같은 것이었다. 봄에는 벚꽃이 화려하게 피는 분홍색 산, 초여름에는 어린잎이 예쁜 초록색 산, 가을에는 노란색과 붉은색으로 물든 산, 겨울에는 눈에 뒤덮인 하얀 산….

우리는 공간을 개념적으로 이야기한다. 가령 '후지산'이라는 명칭을 공유할 수 있다면 후지산을 아는 셈이 된다. 봄이든 겨울이든, 아침이든 밤이든, 설령 가본 적이 없다고 해도 '후지산'이라는 이름을 알기만 하면 타인과 소통할 수 있다. 하지만 그런 것을 정말로 '후지산'을 안다고 할 수 있을까.

할아버지 역시 주위 풍경을 할머니처럼 그 순간 보이는 대로 받아들이는 날이 올 것이다. 그런 날은 길을 헤맬지도 모른다. 익숙했던 부동산의 간판이 저물녘에 햇빛을 받아 붉게 물들면, 그건 처음 보는 낯선 풍경이 될지 모르니까.

그와 더불어 어르신이 길을 잃는 원인은 하나 더 있다고 나는 생각한다. 몸이 기억하는 풍경의 존재다.

처음 가본 곳에서 마치 친숙하다는 듯이 행동하는 할머니가 있었다. 어느 절에 방문했을 때 몸에 남아 있는 익숙한 풍경을 끌어와서 '여기는 어렸을 때부터 잘 아는 곳'이라고 인식하는 것 같았다. 그 할머니는 처음 방문한 절에서 편안하게 시간을 보냈다.

아무튼, 할아버지가 길을 잃기도 하고 잃지 않기도 하는 이유는 지금까지 익혔던 '보는 방식'이 점점 다른 방식으로 변화하기 때문이라고 생각한다.

시간도 변한다

시간을 느끼는 방식도 변하는 것 같았다. 집을 찾은 할아버지가 자신의 이야기를 들려주었다.

"후쿠오카에 돌아온 지 얼마 안 됐거든."

원래 후쿠오카의 이 집에서 살고 있었는데, 제철소에서 일하게 되어 기타규슈로 발령을 받아 홀로 옮겨 갔다고 했다. 길을 잃은 건 돌아온 지 얼마 안 되었기 때문이라고.

앞뒤가 맞지 않았다. 할아버지가 들려준 일화들을 꿰맞추면 후쿠오카에 돌아온 건 적어도 30년 전이었다. 하지만 할아버지는 바로 얼마 전 후쿠오카에 돌아왔다고 느끼고 있었다. 몸은 후쿠오카에 있지만, 몸속에는 기타규슈에서 지낸 시간이 맥맥이 흐르고 있었다.

몸이 노쇠하면 하나의 행위에 들이는 시간이 길어진다. 중력을 완전히 이겨내지 못해서 발을 끌며 걷게 된다. 음식을 먹을 때 목이 메어서 간신히 삼키게 된다. 삼킨 음식은 위장에서 정체를 일으키며 천천히 소화된다. 똥은 수분이 전혀 없이 메마른 것들이 데굴데굴 나온다. 노쇠한 몸에는 천천히 흐르는 시간이 깃들게 된다.

신기한 경험을 한 적이 있다.

처음 임종에 함께했던 때의 일이다. 어느 날부터 할머니는 밥을 전혀 먹지 않았다. 곡기를 끊은 몸은 더욱 천천히 활동한다. 소변을 보는 간격이 더욱 길어지고, 양이 적어지며 색도 진해진다. 깊고 느린 호흡에서 얕고 작은 호흡으로 옮겨가며 귀로 들을 수 없을 만큼 차분히 시간을 들인다.

돌아가시기까지 며칠이 걸렸다. 그 며칠 동안 할머니가 지낸 방의 공기에는 부드러운 끈기가 감돌아서 실로 천천히 시간이 흘렀다. 끈기 있고 느린 그 시간은 관능적이었다. 죽어가는 내장이 자아낸 시간이었는지도 모른다.

백미러의 할아버지

다시 길 잃은 할아버지의 이야기로 돌아가자. 전원이 켜진 덕분에 할아버지는 집에 도착할 수 있었다. "그럼, 가볼게요."라고 인사하고 돌아서던 그때, 할아버지가 나를 불러 세웠다. 비닐봉지를 뒤적거리면서 "1000엔이라도 줘야지."라고 했다.

"저는 요양시설에서 일하는 사람이라 나라에서 돈을 받아요. 걱정하지 않으셔도 됩니다."라고 사양했다.

"그렇군요."라고 이해하면서도 할아버지는 걱정했다. "그런데 돌아가는 길은 아십니까?"

길 잃은 사람을 집까지 데려다준 내게 할 질문은 아니라고 생각했다. "네, 압니다."라고 답한 나는 안중에 없다는 듯이 할아버지는 돌아가는 길을 알려주기 시작했다.

"이 길을 아무튼 쭉 내려가요. 가다 보면 두 갈래로 길이 나뉘는데, 거기서 왼쪽으로 가면 돼요."

왼쪽은 할아버지가 다니는 슈퍼마켓으로 가는 길이었다. 나는 오른쪽으로 가고 싶었다. 그래도 할아버지가 일부러 친절을 베풀어주었기에 "감사합니다."라고 인사하고 출발했다. 나는 오른쪽으로 핸들을 꺾을 생각이었다. 별생각 없이 백미러를 보았는데 할아버지가 팔을 꼰 채 차를 지켜보고 있었다. 그 모습은 작아졌지만 사라지지 않았다. 내가 왼쪽 길로 잘 가는지 확인하려는 것이었다. 나는 하는 수 없이 핸들을 왼쪽으로 꺾었다.

2 ——————

타임 슬립

노인성 어메이징

시간과 공간을 가늠할 수 없게 되면 갇혀 있던 기억이 해방되는 모양이다. 그것이 타임 슬립시간 여행 현상을 일으킨다.

100년을 살아온 할머니의 타임 슬립은 대단했다. 할머니는 밤이 깊으면 두세 살 아기가 되었다.

"엄마아, 엄마아아."라고 당장이라도 울음을 터뜨릴 듯 응석 부리는 목소리를 냈다. 얼핏 할아버지처럼 보이기도 하는 할머니가 아기 같은 목소리로 엄마를 부르는 모습은 무척 기묘했다. 할머니의 내면에 살아 있는 아기가 나타난 모양이었다. 불현듯 눈을 떴는데 엄마가 없어 불안해진 어린아이. 당시의 감정이 현재 할머니가 느끼는 불안과 동기화한 듯했다.

그날 당직은 22세의 여성 직원. 그는 엄마처럼 대응했다.

"후미, 왜 그러니?"

할머니는 "아, 엄마 왔다!"라고 크게 기뻐하며 직원의 목덜미를 꼭 끌어안았다. 그리고 이렇게 속삭였다.

"엄마, 틀니가 없어졌어."

그 작은 몸에 두 살과 백 살이 동시에 나타난 것이다. 어둠 속에서 혼자 눈뜬 '나'(아기)의 불안, 그리고 틀니를 잃어버린 '나'(노인)의 불안. 그 두 불안이 동기화했다. 그처럼 역동적인 타임 슬립은 처음이었다.

이런 일과 마주하면 무척 기쁘다. 왜냐하면 당사자가 의도해서 일어나는 일이 아니기 때문이다. 두 번 다시 일어나지 않을, 오직 한 번인 장면을 목격했다는 감동 같은 감정이 든다.

시설에 견학을 온 핀란드인에게 할머니의 타임 슬립을 들려주었다. 그 여성은 "오, 어메이징!"이라며 감탄했다. 할머니는 병원에서 노인성 알츠하이머라는 진단을 받았다. 그 진단명이 의학자의 관점이라면, 생활인의 관점에서 내린 진단명이 있어도 좋지 않을까. '노인성 어메이징'이라고 나는 부르고 싶다.

'나'를 둘러싼 막이 녹아내리면

실제 연령과 동떨어진 어린 시절의 '나'로 돌아가는 현상을 타임 슬립이라고 생각해왔다. 지금 느끼는 감정과 유사한 과거의 감정이 동기화하면 과거의 '나'가 되살아난다고.

그렇지만 되살아나는 것이 아니라 모든 연령의 '나'가 계속 함께 살아왔던 것은 아닐까 하는 생각이 들기 시작했다. 57세인 내 몸에는 0세도, 13세도, 22세도, 45세도 존재하고 있다. 나는 '다연령 인격'으로 이루어져 있는 것이다.

그럼에도 57세인 나는 나이라는 개념에 사로잡혀서 그에 걸맞은 언동을 하라고 자기 자신에게 명령한다. 그러지 못하면 이 사회에서 어엿한 어른으로 인정해주지 않기 때문이다. 자칫 잘못하면 병에 걸렸다고 진단을 받을 수도 있다. 그래서 상점의 쇼윈도에 정말 탐나는 물건이 진열되어 있어도 막무가내로 떼쓰지 않는다.

시간과 공간이라는 개념에서 해방되면 스스로 규정하는 '나'의 막이 흘러내린다. 그리고 그 사람의 몸속에 있던 젊은 시절의 '나'가 나타난다. 당사자는 스스로를 잃어버린 것 같아서 무섭거나 불안할 수 있지만, 돌보는 사람 입장에서는 다양한 연령의 그 사람과 만날 수 있는 기회이기도 하다.

그런 기회를 좀더 즐겨도 좋지 않을까.

어떤 연령이라 해도 나 자신인 것은 틀림없으니 어떤 '나'가 나타나도 긍정해주고 싶다.

3 ———

시간과 장소를 맞추지 못하다

'나'는 언제 성립되는가

"어떡해야 하지?"

"어떡해야 하지?"

누군가에게 묻는 게 아니라 염불 외듯이 그저 같은 말을 되풀이하는 할머니가 있었다. 곁에 있는 직원은 그 질문이 자신에게 향한 것이라고 느낀다. 그래서 "그러게요. 같이 앉아서 차나 마실까요?"라고 제안한다.

할머니는 제안에 따라 의자에 앉는다. 직원이 차를 우리는 사이에도 할머니는 "어떡해야 하지?"라고 계속 중얼거린다. 직원도 계속 "차 마셔요."라고 말을 건다. 자, 드세요, 하고 찻잔을 내려놓기 직전, 할머니는 의자에서 일어나 "어떡해야 하지?"를 멈추지 않으며 걷기 시작한다. 직원은 "어떡해야 좋을까?"라고 한숨을 내쉰다.

"어떡해야 하지?" 이 질문을 수많은 어르신들에게서 수없이 들어왔다. 질문에 대해 "이렇게 하죠."라고 제안했지만, 어르신들이 받아들인 적은 거의 없다. "어떡해야 하지?"라는 질문은 곁에 있는 우리의 몸을 통과해 실내에 계속 맴돈다.

내 할아버지는 아침 일찍 이불 가게로 가서 나막신을 사려고 했지만 사지 못했다. 가게가 문을 열지 않았던 것이다. 할아버지가 억지를 부려 가게를 열게 하고 나막신을 달라고 했지만 사지 못했다. 이불 가게에서는 나막신을 취급하지 않았던 것이다.

할아버지는 적절한 시간과 장소를 맞추지 못해서 실패했다.

할아버지는 낙담했다. 나막신을 구하지 못한 것은 물론이고, 할아버지가 원하는 '자신'이 되지 못해서 낙담하는 것으로 보였다. 할아버지의 언동이 이불 가게에 받아들여지지 않아서 할아버지가 바라던 '자신'이 미래에서 찾아오지 않은 것이다.

내 눈에는 그런 행위에 나선 것 자체가 할아버지다운 일이었지만, 할아버지는 그렇다고 깨닫지 못했다. 할아버지의 입

장에서는 행위가 성립되어야 비로소 스스로 바라는 '자신'이
되는 것이다.

몸에 쌓인 시간

내 할아버지처럼 시간과 장소에 맞지 않았다는 이유만으
로 모처럼 해본 행동이 타인에게 수용되지 않는 경험을 하는
어르신들이 정말 많다.

야근하는 직원에게 "빨리 자라."고 교육적 지도를 하는 할
머니.

휴식 중인 직원에게 다가와서 "감기에 걸리는 건 여자 책
임이야."라고 속삭이며 한여름에 이불을 덮어주는 할머니.

숙면을 취하는 할머니의 머리맡에서 "나무아미타불."이라
며 성불을 시키려 하는 할아버지.

그야말로 시간과 장소를 잘못 맞추었지만, 하나같이 그 사
람다운 언동이었다. 설령 시간과 공간을 가늠하지 못하고, 기
억이 어렴풋해도 '그 사람다움'은 사라지지 않았다. 아마도
'자신'이라는 것은 몸이라는 자리에 쌓인 시간일 듯싶다.

언동에는 그 사람다움이 가득하다.

일단 젓가락을 대면 전부 먹어치워야 손을 멈추는 할아버지. 다 함께 먹으려고 큰 접시에 담아온 김치를 일단 입에 댄 할아버지는 그 김치를 전부 먹어치울 때까지 젓가락을 놓지 않았다. 입에서 불을 뿜을 듯한 표정이라 모두 "이제 안 드셔도 돼요."라고 말렸지만 할아버지의 귀에는 닿지 않았다. 결국 할아버지는 눈물을 글썽이며 김치를 전부 먹었다.

먹는 모습을 보니 김치는 할아버지가 좋아하는 음식도 아니었다. 그렇지만 일단 손을 댄 이상 멈출 수는 없었다. 그런 사람인 것이다.

밥상에 차려진 음식에 좀처럼 손을 대지 않는 할머니가 있었다. '먹고 싶지 않아.'라기보다는 '먹고 싶지만…' 하는 분위기가 느껴졌다. 젓가락을 대는 것에 주저하는 낌새가 할머니에게서 새어 나왔다.

"드세요. 맛있어요."라고 권했지만 할머니는 식사를 시작하지 않았다. 감질났다.

아무래도 다 먹지 못할 음식에 젓가락을 대도 괜찮은지 망설이는 듯했다. 음식을 조금씩 덜어드리자 할머니는 식사를 시작할 수 있었다. 그런 사람이었다. 그 사실을 우리가 이해하는 데 몇 달이 필요했다.

언동이 받아들여질 때 '자신'이 될 수 있다

사람에게는 제각각 언동이 있다. 사람은 이 세상에 태어나서 헤아릴 수 없이 많은 시간과 장소를 경험한다. 그리고 각각의 시간과 장소에 걸맞은 언동을 자기 나름대로 쌓아간다.

성공해서 기뻤던 일. 실패해서 분했던 일. 미묘한 분위기에 당황한 일. 언제나 변함없이 반복해버리는 일. 사람은 자신의 언동이 초래한 결과를 전부 받아들이면서 살아간다. 그런 경험을 쌓으면서 사람은 자기 나름의 분별을 기른다.

그 분별이란 논리적인 판단이나 검사로 알 수 있는 지능과는 다르다. 타인과 맺은 관계를 통해 길러내는 '자신'인 것이다.

그 때문에 내 언동을 타인이 받아들여주지 않으면, '자신다움'이 나타나지 않는다. 아쉽게도 타인은 시간과 장소를 맞추지 못한 분별을 받아주지 않는다. 받아주기 힘들기 때문이다. 노혼을 비롯해 인지저하증이 있는 사람들의 슬픔은 바로 그 지점에서 비롯된다고 나는 생각한다.

개념상의 시간과 장소는 일단 뒤로 치워두고 그 사람의 언동을 받아들여주는 타인이 되어줄 것. 그러다 보면 결국 노혼과 인지저하증 당사자의 몸에 있는 시간과 공간을 되찾을 수 있지 않을까.

4 ───────

발붙일 곳은 '혼란'

'그 사람다움'은 혼란 속에 깃든다

시간과 공간의 개념을 잃어버리고 기억이 흐릿해졌을 때, 사람은 변화에 적응할 수 없어 혼란에 빠진다.

노혼이 있는 어느 할아버지는 항상 당당했다. 심각한 인지장애가 있는데도 자신은 '혼란에 빠지지 않은 사람'이라고 믿고 있었다.

지금의 북한에서 종전을 맞이한 할아버지는 동료들과 협력하여 간신히 일본으로 돌아왔다. 이미 시작된 미국과 소련의 냉전 때문에 자력으로 탈출할 수밖에 없었다고 한다. 그 경험은 그 후에도 할아버지의 버팀목이 되었다. 어떤 어려움과 마주해도 "그때 일과 비교하면 아무것도 무섭지 않아."라는 게 남편의 입버릇이라고 할아버지의 아내가 이야기해주었다.

그 이야기를 듣고 할아버지에 대한 내 견해를 바로잡아야 한다고 생각했다. 지금 할아버지는 혼란에 빠져 있는지도 모른다고, 혼란스러운 상황이기 때문에 할아버지는 더더욱 당당하게 있으려고 하는 것일지도 모른다고 생각하게 되었다. 할아버지와 함께하는 시간이 길어질수록 내 판단이 틀리지 않다는 확신이 들었다.

혼란까지도 그 사람답다.

혼란의 한복판에 있는 당사자는 그것이 '자신'이라고 생각하지 못하고, 생각하기도 싫을 것이다. 하지만 타인에게는 혼란의 한복판에 있어도 '그 사람다움'이 보인다. 극심한 혼란 속에 있는 사람을 도울 때, 돌보는 사람이 발붙일 곳은 바로 그 사람의 혼란이다.

돌보는 사람은 무의식중에 혼란을 없앨 방법을 궁리한다. 혼란이 그 사람다움을 방해한다고 생각한다. 하지만 멈춰 서서 생각해보면 혼란에 빠진 방식이야말로 그 사람답다는 걸 알 수 있다.

그렇다면 돌보는 사람이 당사자의 혼란을 받아들여도 괜찮지 않을까. 즉, 혼란에 어우러지는 것이다.

혼란에 어우러지면, 돌보는 사람은 당사자의 언동을 받아들일 수 있게 된다. 그럼 당사자가 아직 '나다움'을 잃어버리지 않았다고 체감할 수 있는 계기가 되리라고 생각한다.

거듭해서 반복하다

요리아이에 거주하는 한 할머니는 저녁만 되면 집에 돌아가려 했다. 우리는 "잘 있어요."라고 밝게 인사하는 할머니를 따라 걸었다. 그러면 할머니는 "저는 부모님 댁으로 갈 거예요. 그쪽도 부모님이 계신 곳으로 돌아가세요."라고 성가시다는 듯이 말했다.

아흔이 넘은 할머니가 진심으로 부모님께 갈 생각이라면, 아무리 걸어도 소용없다. 황천으로 건너가야 하니까.

할머니는 결코 다다를 수 없는 장소를 향해 걸어갔다. 우리 눈에는 할머니가 혼란의 한복판에 있는 것으로 보였다. 하지만 할머니 자신은 전혀 그렇지 않았다. 저녁이 되면 집에 돌아간다는 습관을 실행할 뿐이었다.

그러니 우리가 할머니의 혼란에 휘말렸다는 표현보다는 결코 성취할 수 없는 할머니의 목표에 어우러졌다고 하는 게 좋을 것이다.

　　　　　　　　　　　　4장 시간과 장소, 우리들

함께 걸으면서 할머니를 요리아이로 다시 데려가려 시도해보았다. 시도하면 할수록 할머니는 나를 걸리적거리는 놈으로 여기며 멀리했다. 더는 말을 걸 수도 없어 나는 두 손 두 발 다 들었다.

아무리 걸어도 할머니가 바라는 집에는 도착할 수 없었다. 이제는 존재하지 않으니까. 결국 할머니와 우리 모두 두 손 두 발 다 들었다. 할머니와 나는 망연자실해서 요리아이로 돌아갔다.

돌아가지 못했던 일을 기억하지 못하는 할머니는 이튿날에도 집에 돌아가려 했다. 다음 날도, 그다음 날도, 또 다음 날도. 우리는 거듭해서 반복되는 걸음에 어우러졌다.

집단의 기억이 되어가다

그러다 변화가 나타났다. 할머니가 집에 돌아가려 하지 않았다. 그 이유는 두 가지인 것 같았다.

하나는 할머니에게 요리아이가 자신의 집이 되었다는 점.

결코 도달할 수 없는 부모님께 가는 길을 함께 걸은 타인의 존재가 요리아이를 집으로 만든 것이 아닐까. 배회나 귀가 본능으로 불리는 증세가 지워야 할 잡음으로 치부되지 않고 '나의 바람'으로 타인에게 받아들여짐으로써 할머니답게 계속 헤맬 수 있었던 것이다.

변화의 조짐은 걷다 지쳐서 요리아이에 돌아왔을 때 보였다. 당직자가 저녁 식사를 준비해 마중을 나왔다. 할머니는 자신의 밥만 차려져 있는 걸 보고는 당직자에게 말했다.

"아, 이 사람에게도 밥을 차려주세요. 이 사람도 집에 못 돌아갔대."

신경 써줘야 하는 타인이 할머니의 생활에 등장하기 시작한 것이다.

다른 한 가지 이유는 거듭해서 반복되는 '귀가'에 계속 어우러졌던 것이다.

할머니는 조금 전에 있었던 일을 기억하지 못했다. 그래서 돌아가지 못하는 것을 잊고 매일매일 집에 돌아가려 했다. 하지만 직원들이 반복해서 함께하는 와중에 그 행위 자체가 습관이 되었다. 할머니는 습관이라는 장기 기억에 따라 집에 돌아갈 수 없는 현실을 깨달은 것이라고 나는 생각한다.

할머니와 직원, 두 사람이 기억을 만들었다고 할 수 있다. 나아가 두 사람이 걸을 수 있도록 지원해준 다른 직원도 포함하는 집단의 기억이 되어갔다.

교감하는 몸들

시간과 장소를 맞추지 못하면 할 수 없는 일

'먹기' '배설하기' '잠자기'는 매일처럼 반복되어 죽을 때까지 멈추지 않는 행위다. 사람이라면 어떤 개체라 해도 같은 원리로 운영되지만, 그 운영 방식은 개인마다 제각각 다르다.

입원 중에 음식물을 삼키기 어렵다는 진단을 받은 할머니에게 의사는 "입으로 먹는 건 자살 행위"라고 선고했다. 소화기에 튜브를 삽입하여 유동식을 주입할 것을 권했다. 하지만 우리의 의견은 의사와 달랐다. 할머니가 입으로 먹을 수 있을 것 같았다.

입원 중에는 직원들이 교대로 면회를 가서 할머니의 상태를 살폈다. 모든 직원이 "먹을 수 있을 것 같아요."라고 의견을 냈다. 가족과 상의하여 튜브를 삽입하지 않기로 했다.

그 근거를 논리적으로 제시할 수는 없다. 하지만 우리와 할머니는 돌봄을 통해서 10년 넘게 서로 몸을 동기화해왔다. 직원 한 명 한 명의 몸이 할머니의 몸과 교감했고, 그 체감을 집단에 쌓아왔던 것이다. 그간 축적된 '감感'이 '할머니는 먹을 수 있다'고 알려주었다.

퇴원 날, 할머니가 가장 좋아하는 멜론을 준비해서 맞이했다. 맛있게 멜론을 먹는 할머니를 보고 안심했다. 그로부터 5년 동안 할머니는 입으로 먹으면서 살아갔다. 할머니는 음료를 조금 걸쭉하게 만드는 것도 싫어해서 직원들은 조마조마하면서 할머니를 돌봤다.

입으로 먹지 못했던 기간은 마침내 임종이 가까워진 며칠 동안이었다.

의료는 '먹을 수 없다'고 말한다. 돌봄은 '먹을 수 있다'고 느낀다. 이와 같은 의견 차이는 드물지 않다. 어째서일까.

병원에서 하는 생활과 검사는 '시간'과 '장소'에 맞지 않는다고 생각한다.

화장실이 아닌 곳에서는 대변을 보기 어렵듯이 식사할 분위기가 아닌 곳에서는 음식이 잘 넘어가지 않는다. 노쇠하면

연하반사*가 약해지기 때문에 더더욱 당사자의 리듬과 속도에 타이밍을 맞춰서 감각이 잘 열리게 하는 것이 중요하다.

어찌 보면 당연한 일이지만, 병실과 검사실은 감각을 자극하는 현장이 아니다. 그런 곳에서는 몸이 의욕을 낼 수 없다. 오히려 고조되는 긴장 탓에 감각을 닫아버리게 된다.

퇴원 후에 할머니가 입으로 먹을 수 있었던 이유는 생활감이 있는 현장과 때맞춰 이뤄진 돌봄 덕분일 것이다.

'보다'에서 '보인다'로

어르신들의 식사 보조를 할 때마다 떠오르는 생각이 있다.

음식을 젓가락으로 집어 입가로 옮기다 보면 어르신보다도 먼저 내가 입을 벌릴 때가 있다. 먹는 당사자를 제쳐두고 돌보는 타인의 입이 반응하는 것이다. 일상에서 돌보는 사람과 어르신의 몸이 교감하는 장면이라고 생각한다.

더 나아가 몸과 몸은 눈이 보이지 않는 소통을 한다. 105세의 할머니는 임종이 가까워지면서 변비를 겪었다. 변이 잘 나오게 하려면 어떡해야 할까, 시행착오를 거듭했다. 그러다 놀

---

* 음식물이 목에 닿으면 절로 삼키게 되는 반사를 가리킨다.

라운 해소법에 도달했다. 어느 남성 직원이 만든 치즈케이크를 먹으면 이튿날 배변을 하는 것이다.

변비가 이어지면 그 직원에게 치즈케이크를 주문했다. 아무래도 할머니가 케이크를 통해 그 직원의 장내 미생물이라도 받는 모양이었다.

배출되기를 완강하게 거부하던 대변이 밖으로 행차했을 때의 상쾌함은 각별하게 마련이다. 배변하는 당사자는 물론이고, 돌보는 타인도 자신의 장이 깨끗이 비는 듯한 상쾌함을 공유한다. 할머니의 배변을 자신의 일처럼 느끼는 것은 직원의 몸이 할머니의 몸과 교감했기 때문이다.

감각은 항상 열려 있는 것이라고 생각한다.

인플루엔자 등 전염성이 있는 병에 걸려 방에 격리되었던 어르신은 병이 나은 뒤에도 식욕이 없는 경우가 있다. 그럴 때는 가능한 빨리 모두 함께 있는 거실로 복귀시키자고 명심하고 있다. 다른 사람들과 함께 지내면 밥이 잘 넘어가기 때문이다. 대수롭지 않은 대화. 주방에서 들리는 식칼 소리. 된장국의 냄새. 정원에서 불어와 피부를 어루만지는 바람.

'보다'가 '보인다'로, '듣다'가 '들리다'로, '냄새 맡다'가 '냄새 난다'로, '만지다'가 '닿다'로, '맛보다'가 '맛있다'로. 이런 식으로 의식하지 않아도 열리는 감각에 주위 환경이 날아든다. 누워서만 지내며 모든 활동에 돌봄이 필요한 사람도, 반응을 전혀 하지 못하는 사람도 열린 감각으로 세계와 교류하고 있다.

야근하다 보면 우리의 몸도 감각이 열려 있다고 체감할 수 있다.

선잠을 자다 밥 짓는 냄새에 벌떡 일어났다. 밥 따위를 안 친 기억은 없었다. 코에 의지해 냄새를 따라가니 한 할머니의 방에 도착했다. 할머니는 따끈따끈한 소변을 본 직후였다.

호출 벨이 달려 있어도 사용할 줄 아는 사람은 극히 일부에 불과하다. 그래서 직원들은 평소부터 감각을 활용하며 돌봄에 임한다. 야근을 할 때는 더더욱 그렇다. 감각기가 고성능 안테나가 되어 여기저기에서 들어오는 정보를 잡아낸다.

손톱으로 벽지 긁는 소리. 개구리의 울음과 비슷한 이갈이 소리. 박자를 맞춘 코골이 소리. 어딘가에서 들려온 한 번뿐인 신음 소리. 무언가가 스르륵 지나가는 기척.

감각이 이끄는 대로 나를 부르지도 않은 어르신의 방을 들여다본다.

'코 인수인계'의 마법

시설의 직원들은 '코 인수인계'라는 것이 존재한다고 느끼고 있다.

거실에서 강렬한 방귀 냄새가 날 때가 있다. 꽤 농후한 냄새가 어느 할머니에게서 풍겨왔다. 똥이 항문 입구까지 왔다고 알리는 것이었다.

할머니와 서둘러 화장실로 들어갔다. 한동안 앉아 있었지만 변은 좀처럼 얼굴을 비추지 않았다. 양해를 구하고 항문 주위를 만져보니 단단하게 부풀어 있었다. 바로 코앞에 있는데 가장 앞쪽이 단단하게 뚜껑 역할을 하고 있었다. 마사지로 풀어보려 해도 "아파!"라고 소리치는 할머니. 무리할 수는 없기에 포기하고 거실로 돌아갔다.

그때부터 내 코는 할머니를 철저히 감시했다. 신나게 노래를 부를 때도, 다과를 즐길 때도, 코만은 할머니에게서 풍기는 '냄새'를 경계했다.

이윽고 두 번째 기회가 찾아왔다. 할머니와 함께 화장실로 뛰어들었다. 패드에는 똥의 흔적이 묻어 있었지만 항문 주위의 단단함은 사라져 있었다. 아까 전의 당장이라도 나올 듯했던 기적이 티끌만큼도 느껴지지 않았다. 다시 포기하고 거실로 돌아갔다.

그리고 세 번째 기회. 두 번째와 마찬가지로 성과를 보지 못하고 물러났다.

이런 경험을 하며 일과를 마친 직원은 오늘 밤 배변할 것 같다고 당직자에게 전한다. '나온다고 확신했는데 말이야.' 예견하면서도 성과를 보지 못했다는 아쉬움을 전해준다. 그렇게 주간 근무자의 아쉬움은 당직자에게 인계된다. 주간 근무자의 코를 당직자가 인수한다.

기저귀에 싼 변을 청결하게 처리하는 노력과 비교해 변기에 배설하는 것은 얼마나 편한가. 어르신도 그 편이 훨씬 상쾌하다. 당직자는 코로 경계하며 밤을 보낸다. 나는 이것을 '코 인수인계'라고 부른다.

교감하는 몸에는 체감이 깃든다. 각자의 몸에 깃든 체감을 꼼꼼하게 말로 표현한다. 인수인계하는 시간은 체감의 사교장 같은 역할을 한다.

말로 감각을 맞춰보는 과정을 거듭하다 보면 하는 일의 의미와 가치가 천천히 드러나고 공유된다. 그리고 해야 하는 일은 무엇인지가 집단에 보이기 시작한다.

적절한 때가 찾아든다

노혼이 심한 할머니와 함께 걸었다. 할머니는 스스로 일어설 수도 걸을 수도 없지만, 아주 조금 도와주면 함께 걸을 수 있었다.

나는 손으로 할머니의 양 팔꿈치를 받치듯이 잡는다. 할머니는 내 양 팔뚝을 붙잡는다. 할머니가 자력으로 무릎을 펼수 있을 때까지 내가 힘을 빌려준다. 어느 정도 일어서면 할머니의 무릎에 힘이 들어가기 시작한다. 타이밍에 맞춰서 무릎의 힘을 따라가며 함께 일어선다.

걸음을 디딜 때는 양발이 지탱하는 안정을 무너뜨려야 한다. 할머니의 왼손을 끌어당기면서 체중을 왼쪽에 싣는다. 그러면 왼쪽 다리가 축이 되어 오른쪽 다리가 살짝 지면에서 뜬다. 그 타이밍에 맞춰 할머니의 몸을 살짝 오른쪽 앞으로 당기고 체중을 오른쪽에 싣는다. 오른발은 한 발 앞에 착지해서 무게중심이 된다. 이 과정을 반복하면 할머니와 함께 걸을 수 있다.

할머니와 함께 걸으면 말로 표현할 수 없을 만큼 좋은 기분에 감싸일 때가 있었다. 심리적 기쁨이나 성취감은 아니었던 것 같다. 마음이 움직였던 게 아니라 몸으로 느끼는 좋은 기분이었다.

사람이 움직이려면 균형을 무너뜨리고 다시 일어서는 과정이 반드시 필요하다. 두 몸은 걷기 위해 교감에 몰두했다. 같이 넘어질지 모른다는 긴장감 때문에 두 몸은 더욱 서로의 몸에 집중했다. 바로 그 지점에서 좋은 기분이 비롯되었던 것 같다.

교감에 몰두하다 보면, 할머니 몸의 기능 부전이 느껴지지 않는다. 할머니의 심각한 노혼도 의식에서 멀어진다. 타이밍을 맞추는 것이 두 몸의 최우선 사항이기 때문일 것이다. 그리고 마침 두 몸이 동기화했을 때 좋은 기분이 찾아든다.

그럴 때 서로의 몸은 수용受容 상태에 깊이 빠져들지 않을까. 능동적으로 타이밍을 맞추는 게 아니라 두 몸 사이에 '적절한 때'(타이밍)가 찾아들기를 기다리는 것 같기도 하다.

함께 헤맬 수밖에 없을 때

몸은 적절한 때를 포착하는 일에만 몰두할 수 있지만, 그에 비해 마음은 좀 성가시다.

배가 고파도 중화요리는 먹고 싶지 않다거나, 화장실을 가고 싶어도 더러운 화장실에서는 볼일을 볼 수 없다거나, 신나서 드라이브에 나서도 마음 맞는 사람이 없으면 재미없다거

나. 행위에서 타이밍을 맞춰도 마음이 '지금이 아냐. 여기가 아냐. 당신이 아냐.'라고 한다.

실이 끊어지듯이 가족 돌봄의 한계와 맞닥뜨려 시설에 들어오게 된 할아버지의 이야기. 갑작스러운 시설 입소를 할아버지는 받아들이지 못했다.

가족 돌봄의 상황을 고려하면, 할아버지는 시설에 들어올 타이밍을 맞이하고 있었다. 하지만 할아버지는 그럴 마음이 없었다. '내 집'은 어디까지나 익숙한 자택이었던 것이다.

노혼이 있는 할아버지의 하루는 전혀 모르는 곳에서 눈을 뜨는 것으로 시작했다. 자신이 어째서 여기 있는지 알지 못했다. 할아버지는 수수께끼를 풀지 못한 채 하루를 보냈다. 줄곧 시설에서 빠져나가 집으로 돌아갈 타이밍을 살피고 있다는 것이 느껴졌다. 하지만 신사적인 할아버지는 직원을 생각해서 거실에 머물렀다. 저녁 무렵 적당한 때를 엿본 할아버지가 "저는 슬슬 실례하겠습니다."라고 정중히 인사하고는 돌아가려고 했다.

우리의 입장에서는 할아버지를 집에 돌려보낼 수 없었다. 이래저래 이유를 대며 '돌아갈 수 없다'고 하는 우리에게 할아버지는 화를 내고 말았다.

"어째서 내 집에 돌아갈 수 없는 거냐." "애초에 당신은 누구냐." "대체 무슨 권한으로 나를 붙잡는 거냐." "부탁이다. 돌아가고 싶다." "네놈들 대체 뭐야!"

용솟음치는 감정에 우리는 어쩔 줄을 몰랐다.

할아버지의 날뛰는 감정은 인지저하증의 증상이 아니었다. '집에 돌아가고 싶다'는 마음에 증상 따위는 없다. 우리 앞에 닥친 것은 할아버지의 '집에 돌아가고 싶다'는 바람에 어떻게 응답할 것인가 하는 과제였다. 타이밍이 틀어져서 동기화를 제대로 못 했을 때야말로 존중해 마땅한 상대방이 선명하게 나타난다.

할아버지는 자신의 의지로 시설에 들어온 것이 아니다. 가족 역시 그들의 의지로 시설에 들여보낸 것이 아니다. 우리 역시 우리의 의지로 할아버지를 받아들인 것이 아니다. 이른바 우리 사회가 만들어낸 사정에 따라서 할아버지는 시설에 들어온 것이다.

그 때문에 우리 돌보는 사람들은 사회를 대표해서 함께 걷는 수밖에 없다. 할아버지는 사회의 사정으로 시설 입소가 결정된 것이다. 우리에게는 '그건 어쩔 수 없는 일이었어.'라고 할아버지 자신이 받아들일 때까지 함께하는 자세가 필요하지 않을까. 인지저하증이라는 이유로 그런 과정을 단축하지 않는 태도가 필요한 때라고 생각한다.

돌아갈 수 없는 자택을 목표로 삼고 최선을 다하는 할아버지를 보고 있으면 마음이 떳떳할 수가 없다. 우리처럼 사회를 대표하는 타인이 함께 헤매는 것으로 자신의 의지와 상관없이 입소 절차가 단축되어 잃어버린 할아버지의 시간을 조금이나마 돌려줄 수 있지 않을까.

함께 헤맨다고 해서 납득할 수 있는 선택을 다시 할 수 있는 것은 아니다. 그저 이루어지지 않는 할아버지의 바람을 함께 삭일 수 있다면 좋겠다. 그것은 할아버지가 새로운 생활을 시작하는 '적절한 때'를 맞이하기 위한 공동 작업이라고도 생각한다.

말려들 능력

"나가려고 하는데, 그래도 되는가?"

어느 온천마을에 할아버지와 숙박했다. 할아버지는 잠만
잤다. 말도 하지 않았다. 쇠약해진 근육은 쪼그라들면서 천천
히 굳기 시작했다. 할아버지는 전쟁 중의 징병 검사에서 너무
작다는 이유로 입대하지 못했다. 그렇게 작은 몸집이 더욱 작
아졌다. 언제 죽어도 이상하지 않은 몸이었다.

할아버지를 끌어안고 목욕을 가게 되었다. 넓은 목욕탕에
는 따뜻한 증기가 가득했다. 커다란 욕탕에서는 몇몇 할아버
지들이 온천수를 즐기고 있었다.

나 혼자서 할아버지의 몸을 씻기는 동시에 내 몸을 씻는
힘든 일을 입욕 전에 해내야 했다. 다행히 할아버지의 작고

굳은 몸을 내 무릎 위에 앉힐 수 있었다. 생각보다 손쉽게 두 몸을 혼자서 씻겼다. 비누 거품을 물로 씻어내고 슬슬 욕탕에 들어갈까 생각한 순간이었다. 한 할아버지가 내게 말을 걸었다.

"우리는 이제 나가려고 하는데, 그래도 되는가?"

아마도 할아버지와 내가 등장한 때부터 계속 신경 썼을 것이다. 뭔가 도와줘야 할 것 같기는 한데, 어떻게 하면 좋을지 모르겠다. 조용히 나갈까, 마음먹고 말을 걸어볼까. 그런 마음으로 우리를 바라본 게 틀림없었다.

스스로는 아무것도 못하는 노쇠한 몸이 목소리도 내지 않고 할아버지들에게 무언가 이야기한 것일까. 어째서 할아버지들은 무엇 하나 요구하지 않는 몸에 호응하려 했을까.

그 태도는 기꺼이 나서는 능동이 아니었고, 시켜서 마지못해 하는 수동도 아니었다. 넘어진 사람을 도우려고 무의식중에 몸이 움직이는 것과도 달랐다. 망설임이 포함된 분위기가 풍겨왔다.

'하다'

할아버지들은 말려든 것이었다. 왜 말려들었을까. 그 의문의 답에는 '하다'라는 행위가 관련 있지 않을까. '해야 한다.' 혹은 '하지 않아도 된다.' 같은 의지로 선택할 수 없는 '하다' 말이다.

우리 몸의 바탕에는 '하다'가 있다. '먹다' '배설하다' '잠자다'는 '하다'를 대표하는 행위로, 이것들에는 의지가 개입할 여지가 없다.

우리의 사회도 마찬가지로 바탕에는 '하다'가 존재한다. 코로나 팬데믹으로 주목을 받은 필수노동자 역시 '하다'를 생업으로 삼은 사람들일 것이다. 몸에 비유하면 활동을 멈추지 않는 내장 같은 존재인 것이다.

가혹한 상황인 의료와 요양 현장을 향해 전국에서 '감사의 박수'를 보냈지만, 나는 위화감을 느꼈다. 사람들이 말려드는 것을 두려워하는 듯이 보이기도 했다.

누구를 향해 보낸 박수였을까. 마치 '당신은 요리하는 사람, 나는 먹는 사람'이라고 선을 긋는 것 같았다. 그 선은 누가 그은 것일까. 애초에 선 따위를 그을 수 있을까. 생활 그 자체를 통해서 모든 사람이 치료와 돌봄에 관여하고 있는데 말이다.

온천의 할아버지들처럼 우리에게는 말려들 능력이 있다. '하다'가 성분으로 포함된 말려들 능력에는 의도가 없다. 감사도 사죄도 원하지 않는다. 빌려주고 빌리는 것도 아니다.

성공과 실패 같은 성과가 아니라 그저 결과가 있을 뿐이다. 그 결과에도 사람은 다시 말려든다.

그런 과정에는 예방이라는 이름으로 대비를 하지 않아도 때맞춰 미래에서 안녕을 불러오는 힘이 있다. 그런 힘을 다시 모아 사회를 만들 수 없을까 생각하고 있다.

2부

동기화가
어긋나면
자유로워진다

5장

집이 육체가 된
할머니

───────────

낡은 시멘트 벽돌이 받치는 목제 문기둥은 오랜 세월 눈비를 맞아 거의 썩어 있었다. 페인트는 빛이 바랠 대로 바래서 무슨 색인지도 알 수 없었다. 현관문에는 자물쇠가 없었다. 부서져서 없어진 것이 아니라 처음부터 달려 있지 않았다.

집이 기울었는지 현관의 미닫이문은 기분 좋은 소리를 내며 부드럽게 열리지 않았다. 처음 방문한 사람을 수고롭게 하는 문이었다.

널따란 현관에서 집 안으로 들어가려면 꽤 높은 단을 밟고 올라서야 했다. 사실 올라선다기보다 기어오르는 느낌에 가까웠다. 중년의 가사도우미가 "영차."라고 힘을 주며 올라가는 모습을 슬쩍 보면서 92세의 가즈에 씨는 안색 하나 바꾸지 않고 '휙' 올라섰다.

거실에서 이어진 부엌은 그냥 땅바닥이었다. 콘크리트 싱크대에는 노골적으로 드러난 수도관이 위로 불쑥 솟아 있었고, 수도꼭지에는 단단하게 굳은 파란 호스가 매달려 있었다. 어둑어둑한 부엌에 오랫동안 사용해온 가스레인지를 대체한 신식 IH 쿠킹 히터가 지나치게 반짝반짝해서 따로 놀았다.

부엌에서 더 나아가면 목욕탕이 나왔다. 간이 욕실로 증축한 것이라 실내가 아닌 실외에 있었다. 플라스틱제 지붕은 햇빛에 그을려서 변색되었고, 군데군데 갈라져 있었다. 틈새투성이 처마 밑으로는 바람이 잘 통했다. 목욕탕이라기보다 여름에는 비닐하우스, 겨울에는 스케이트장 같은 곳이었다.

오줌 스위치

그 집의 화장실은 재래식이었다. 바닥에 구멍을 뚫고 변기를 끼워 넣었을 뿐인 재래식 화장실. 이제는 보기도 힘든 화장실이었다. 가즈에 씨는 90년 동안 그 화장실에서 배설을 했다. 심지어 똑같은 자세로. 그 반복된 행동은 몸에 기억을 새겼다.

가즈에 씨가 불안정하게 꾸물꾸물하는 것은 소변 신호다. 요리아이에 있는 서양식 화장실로 유도했다. 간신히 앉혔지만 가즈에 씨의 오줌 스위치가 켜지지 않았다. 똥 스위치도 마찬가지.

"뭘 하는 거야! 싫어."

부들부들 몸을 떨면서 주먹을 치켜들었다. 치솟는 변의와 분노가 뒤섞이면 패닉이 찾아들었다. 직원의 손을 뿌리치고 서양식 변기를 발판 삼아 위로 올라가려 했다. 마치 거미줄에 매달려 지옥에서 탈출하려 하는 간다타犍陀多* 같았다.

서양식 화장실에서는 배설 스위치가 켜지지 않았다. 우리는 '오줌 쌀 거 같아.'라는 신호를 눈치채도 가즈에 씨가 마음 편하게 배설할 수 있는 장소를 제공하지 못했다.

직원이 자동차를 현관 앞에 대고 가즈에 씨를 태웠다. "금방 도착해요! 힘내세요!" 출산이 임박한 임산부를 응원하듯이 자택으로 향했다.

가즈에 씨는 여느 때처럼 높다란 단을 훌쩍 올라서 화장실

* 아쿠타가와 류노스케의 단편소설 「거미줄」의 주인공.

로 달려간 다음 누구의 도움도 받지 않고 소변을 봤다. 자택에서는 혼자 배설을 잘하는데, 얄궂게도 자립 지원을 모토로 하는 돌봄시설이 자립을 방해하고 있었다.

아침에 눈뜨면 세면대에서 세수를 한다. 땅바닥으로 내려가서 밥을 짓는다. 거실에서 식사를 하고 재래식 화장실에서 볼일을 본다. 외출할 때마다 높다란 단을 내려갔다 올라갔다 하고, 문틀에 딱 맞지 않는 미닫이문을 덜컹덜컹 소리 내며 열고 닫는다.

지진이 마을을 뒤흔들고, 거친 태풍이 지나가고, 전쟁의 불길이 들이닥쳐도 결코 멈추지 않는 생활이라는 것이 사람에게는 있다. 그 생활도 나이를 먹을수록 점점 내 손에서 빠져나간다. 밥을 짓지 못한다. 욕조에 들어가지 못한다. 그런 변화와 연동하듯이 부엌은 활기를 잃고, 목욕탕은 황폐해진다.

그에 비해 '먹기' '싸기' '잠자기'가 쉬지 않고 이뤄지는 거실, 화장실, 항상 이부자리가 펼쳐져 있는 침실에는 활기찬 온기가 감돈다. 산책할 때마다 드나드는 현관은 다부진 분위기를 자아낸다.

'집' 역시 주인과 함께 존재하는 것이다. 생활의 시간은 '집'에 계속 쌓여간다. 가즈에 씨의 몸은 재래식 화장실과 피가 통하는 사이나 다름없었다.

서양식 화장실에 도전하다가 그래도 안 되면 자택으로 돌아가 볼일을 봤다. 그걸 반복하는 사이에 서양식 화장실에서 소변을 보는 날도 있었다. 우리에게는 성공한 날이었지만, 가즈에 씨에게는 실패한 날이었다. 참지 못하고 지렸으니까.

가즈에 씨의 실패를 역으로 이용하는 것이 일이 되었다. 수고와 시간을 들여 몸의 기억을 업데이트하는 것 같았다. 서양식 화장실과 가즈에 씨의 몸이 연결되도록 새로운 시도를 시작했다.

거리의 기억과 연결되는 몸

가즈에 씨에게는 소소한 일과가 있었다. 집 동쪽에 있는 공원을 산책하는 것과 서쪽에 있는 신사에 참배를 하는 것이다.

가즈에 씨는 노쇠가 심해지면서 공간을 인지하기 어렵게 되었다. 외출한 곳에서 집에 돌아가지 못한 적도 가끔 있었다.

'분명히 이 길이었을 텐데…'
'아, 이 집은 잘 아는데…'
'그래, 여기는 찻집. 그러면…'

머리를 최대한 쓰면서 걸었을 게 틀림없다. 그러는 사이에 지금보다 오래전 거리의 풍경이 머릿속에 되살아났다. 풍경과 기억을 맞추면서 걷다가 가즈에 씨는 일찍이 유년기에 살았던 집에 도착하고 말았다. 그곳에는 생전 처음 보는 남자가 있었다.

"당신 누구야?" 가즈에 씨는 성난 목소리로 물었다.

보통 "당신 누구야?"는 그곳에 살고 있던 남자가 할 법한 대사다. 남자도 퍽 놀랐을 것이다. 말다툼으로 번지고 상황에 따라서는 경찰이 출동해도 이상하지 않았을 것이다. 두 사람의 긴박한 모습이 눈에 선하다.

그렇지만 다행히도 남자는 가즈에 씨를 잘 아는 사람이었다.

"할머니 집은 여기예요."

놀랍게도 그 남자는 가즈에 씨의 손을 잡고 진짜 집까지 데려다주었다.

머지않아 산책과 참배에서 돌아오지 못하는 일이 자주 일어났을 것이다. 가즈에 씨의 몸에 새겨진 기억은 그 시대의 거리와 연결되어 있다. 아버지의 목말을 타고 바라본 신사의 기와지붕. 리어카 한 대가 간신히 지나가는 좁은 길. 갈매기가 한 줄로 날아오르는 강. 전쟁 피해를 입지 않은 거리는 옛 모습을 꽤 많이 품고 있지만, 그래도 변화는 항상 일어난다. 가즈에 씨의 몸도 일상생활을 통해 거리와 계속 연결되어왔다.

그렇지만 나이를 먹으면서 기억의 갱신이 뒤처지기 시작한다. 새로운 거리의 풍경이 머릿속에 들어오지 않게 된다. 낯선 거리의 여기저기에서 친숙한 풍경이 뿔뿔이 나타난다. 어린 시절 친구들과 장난치며 걷던 등굣길. 시간에 쫓기며 서두르던 출근길. 반려견과 함께한 산책길. 그렇게 몸에 친숙한 길로 다리가 끌려간다.

가즈에 씨가 길을 잃기 시작한 가장 큰 원인은 도로의 확장 공사였다. 동쪽의 공원으로 가는 길을 절단하듯이 길이 확장되었다. 바다로 흘러가는 강에 뚜껑을 덮는 식으로 공사가 진행되기도 해서 거리가 완전히 다른 모습으로 변화했다.

그와 더불어 서쪽의 신사로 가는 길에도 비슷한 공사가 진행되었다. 원래 있던 길에는 커다란 소나무가 있어서 오가는 자동차들이 서로 양보하지 않으면 지날 수 없을 만큼 좁았다. 그 길을 크게 넓혀서 보도에 차가 들어올 정도가 되었다. 가즈에 씨의 집을 사이에 두고 동서 모두 풍경에 격변이 일어난 것이다.

만약 이 나라가 전쟁을 겪지 않았다면. 대량 생산·대량 소비가 없었다면. 지나친 스크랩 앤드 빌드scrap and build*가 없었다면. 이 사회가 지금보다 더욱 인간 그 자체를 우선하는 구조로 발전했다면, 몸과 연결된 거리의 풍경이 가즈에 씨를 집까지 인도해주지 않았을까.

행방불명

가즈에 씨가 행방불명되는 날이 늘어났다. 시설에서 나간 어르신을 찾을 때면 마음이 복잡해진다. 최악의 상황이 머릿속에 어른거린다.

'만약, 죽으면 어떡하지.'

'괜찮아. 금방 찾을 거야.' 90년 넘게 살아온 가즈에 씨의 다리로는 그리 멀리 가지 못했을 것이다. 그렇게 스스로를 타이르며 가즈에 씨를 찾으러 나섰다.

한 줄기였던 길이 두 갈래로 나뉘었다. T 자형 길과 마주하기도, 교차점으로 이어지기도 했다. 나아갈수록 길은 무한으로 확장되었다. 찾는 시간이 길어질수록 체력은 소모되고 기

* 일본에서 만들어낸 말로 노후하여 비효율적인 공장 설비와 행정 기구 등을 없애고 새로운 설비와 기구로 대체하여 집중화·효율화를 꾀하는 것을 가리킨다.

력도 사라져갔다.

걷다가 달리다가. 숨이 차서 자전거로 옮겨 탔다. 그것도 지치면 자동차를 찾았다. 직원끼리는 자주 마주쳤는데, 정작 중요한 가즈에 씨는 눈에 띄지 않았다.

"아까 강 쪽에 사람들이 모여 있는 거예요. 혹시나 싶어서 달려갔어요. 강변뿐 아니라 다리에도 구경꾼들이 날벌레처럼 모였더라고요. 강의 상황을 알 수가 없었어요. 인파를 밀고 헤쳐서 간신히 강변까지 다가갔어요. 가즈에 씨일까 봐 얼마나 두근두근하던지. 용기를 내서 보니까 강아지였어요. 높은 제방에 올라갔다 내려오지 못하는 강아지를 구출하고 있더라고요."

이야기를 듣는 나도 조마조마했다. 멀리서 구급차의 사이렌 소리가 들리면 가즈에 씨의 사고 소식이 휴대전화에 들어왔나 싶어 긴장부터 했다.

어르신을 찾을 때마다 생각한다. '이런 기분 정말 싫어.'

어르신이 사라지면 핏기가 싹 가신다. 처음에는 어르신의 안부를 걱정하며 찾지만, 점차 나 자신을 더 신경 쓰게 된다.

요리아이를 이용하는 중에 사라지는 경우와 자택에서 사라지는 경우는 심적인 부담이 다르다. 요리아이에서 사라지면 마음이 암담해지지만, 자택에서 사라졌다면 나는 책임이 없는 듯한 기분이 든다. 그런 내가 '비겁하다'고 생각한다.

몸을 태우는 듯한 한여름에는 탈수로 사망.

살을 에는 듯한 겨울에는 동사.

구급차나 경찰차의 사이렌 소리가 들리면 사고사.

죽음을 떠올리며 찾고 있으면 마음속에서 두 사람의 내가 나타나 말싸움을 했다.

'고소하면 어떡하지?'

'가족 분들은 돌봄이 얼마나 고생인지 이해하고 있으니까… 고소는 안 할 거야.'

'하지만 관계가 먼 가족이나 친척이 고소할지도 몰라.'

'사라질 가능성이 있었던 사람이니까 미리 예방해서 막을 수 있었어. 과실이 없다고는 할 수 없어. 당연히 책임을 추궁당할 거야.'

'너는 자기 일만 생각하네. 어르신을 진심으로 걱정하고 있는 거야?'

'걱정하지 않을 리가 없잖아.'

'어르신들을 격리하고 싶지 않으니까 시설의 문을 잠그지 않겠다고 주장해왔지만 말이야. 그 방침 때문에 어르신이 죽어버리면 어떻게 책임질 셈이야. 문을 잠가서라도 생명을 지켜야 하는 거 아냐?'

'목숨을 지키기 위해서라면 사람을 가두어도 되는 거야?

인지저하증인 사람은 안전을 위해 자유를 빼앗아도 상관없는 거야?'

만약 어르신이 죽어버리면 나는 돌봄과 관련한 일을 계속할 수 있을까. 과실 유무나 고소 여부와는 상관없다. 재판에서 이기는지 지는지를 말하는 것도 아니다. 내가 관여한 결과 어르신이 죽어버렸다는 사실을 견딜 수 있을까 하는 것이다.

설령 일을 그만둔다고 해도 나는 십자가를 짊어진 채 살아갈 것이다. 그럴 때 나는 어떻게 해야 구원받을 수 있을까. 답은 '용서'라고 생각했다. 사고로 비롯된 슬픔과 상처를 관련된 사람들끼리 서로 돌보는 관계를 말하는 것이다.

가즈에 씨는 찾아냈다. 수색을 시작하고 반나절이 지났을 무렵이었다. 어느 공동주택의 비상계단에서 노곤하게 있는 가즈에 씨를 그곳에 사는 학생이 발견해주었다.

"아침에 학교에 가려고 비상계단을 내려갔어요. 4층의 계단참에 할머니가 앉아 계시더라고요. 이상하긴 했는데 서두르고 있어서 그냥 지나쳤어요. 그리고 학교에서 돌아왔는데 그때도 할머니가 똑같은 자리에 계신 거예요. 그때는 앉지 않고, 흘러내리듯이 계단에 등을 대고 계셨어요."

학생은 가즈에 씨의 신발 뒤축에 쓰여 있는 연락처를 찾아내서 우리에게 알려주었다.

찾지 못할 만도 했다. 수평이 아니라 수직으로 이동을 했으니.

알 게 뭐야

"가즈에 씨를 찾았어요!"

휴대전화로 직원의 밝은 목소리가 들렸다.

"다행이다."

안도하는 목소리가 흘러나왔다. 차갑게 얼어붙었던 오장
육부가 뭐라 말할 수 없는 온기로 해동되었다. 행방불명되었
던 '나'도, 한때 자신을 잃어버렸던 '나'도 큰일까지 겪지는 않
았다. 그런 점에서 두 사람의 '나'는 운명 공동체다.

녹초가 된 가즈에 씨를 모두가 둘러싸고 있는데, 케어 매니
저*가 달려왔다. 눈이 그렁그렁했다. 가즈에 씨의 얼굴을 보
자마자 눈물은 표면장력을 잃고 뚝뚝 떨어졌다.

"다행이에요!" 케어 매니저는 가즈에 씨를 꼭 껴안았다. 아
니, 껴안으려던 그 순간.

---

* 정식 명칭은 개호지원전문원(介護支援專門員). 한국의 노인장기요양보험 같은 일본
의 개호보험 전문가로 돌봄 계획을 세우고 돌봄 서비스 사업자와 당사자 사이에서 조정
등을 맡는다.

"싫어!"

가즈에 씨는 치켜든 주먹을 부르르 떨며 눈물 흘리는 케어 매니저를 때리려고 했다. "모두 걱정했다고요."라며 나무라는 사람들에게 가즈에 씨는 쏘아붙였다.

"알 게 뭐야."

죽기는커녕 모두가 걱정해주는 것조차 성가셔했다. 그야 말로 가즈에 씨다웠다. 나는 그때 용서를 받은 것 같았다.

가즈에 씨가 집에서 하는 생활은 죽음과 바로 이웃한 것이 나 마찬가지였다. 시설에 들어오자 적어도 길을 헤매다 죽을 위험성은 줄어들었다. 하지만 집을 신체화하여 자립할 수 있 었던 가즈에 씨가 시설에 들어오면서 외려 인지장애가 심각 해질 가능성도 높아졌다.

그 집에 있기에 일상생활의 행위가 유지되었다. 행위 하나 하나가 유지되었기 때문에 가즈에 씨는 가즈에 씨답게 존재 했다. 오줌 스위치는 대표적인 사례 중 하나다.

그 사람다움은 몇 년이나 반복하고 반복한 '행위' 속에 살 아 있는 것이다.

어느 할머니의 병원 검진에 함께 갔던 날이 떠오른다. 대기실에서 기다리는 시간은 너무나 길었다. 목이 말랐던 나는 할머니도 목이 마를 것이라고 짐작했다.

"차 드실래요?"

"이런 곳에서 차를 마실 수 있어?"

자판기에서 차를 사왔지만, 할머니는 입도 대지 않았다.

너무 차가워서 그럴까. 할머니가 뜨거운 차를 좋아하는 게 생각났다. 한여름의 자판기에 따뜻한 차는 없었다. 병원 내의 매점으로 가서 굳이 상온의 차를 구했다.

할머니는 그래도 마시지 않았다. 목이 마를 텐데.

할머니가 차를 마시지 않은 것은 온도 때문이 아닌 것 같았다. 내게는 차가 없는데 혼자만 마실 수는 없었을 것이다. 페트병에 입을 대고 마시면 둘이서 나눠 마실 수 없게 된다.

차를 하나 더 사 왔다. 이러면 나 때문에 사양하지 않겠지. 그럼에도 할머니는 마시기를 주저했다.

"왜 안 드세요?"

더는 못 기다리고 내가 물어보았다.

"…"

할머니는 답하지 않았다.

나는 꿀꺽꿀꺽 마셔 보였다. "맛있어요."

할머니는 꾸물거리다가 중얼거렸다. "이걸로는 못 마셔."

아, 그렇구나.

혼자서는 전부 마시지 못하는 것이다. 일단 입을 대면 차를 남길 수밖에 없다. 일부러 사 온 차를 남기는 건 참을 수 없는 일이다.

할머니는 그런 사람이었다.

종이컵을 사 와서 마실 수 있는 정도만 따라 건네주었다. 할머니는 그제야 차를 마셨다. 그 사람다움이란, 참 성가신 것이다.

'마시기'라는 행위 하나에도 그 사람다움이 반영된다. 타인이 끼어들자마자 '그 사람다움'이 고개를 내민다. '그 사람다움'에 타인은 물론 당사자인 '나'까지 휘둘린다.

용서

"알 게 뭐야." 가즈에 씨는 그렇게 말했다. 우리의 걱정까지도 귀찮다는 듯이. 그야말로 쓸데없는 참견이라는 듯이.

그날의 광경이 되살아난다. 눈 깜짝할 사이에 태양이 저버린 한겨울의 어느 날. 나는 어느 할아버지를 찾고 있었다.

살을 에는 듯이 추운 날 할아버지가 요리아이에서 사라져 버린 것이었다. 빨리 발견하지 못하면 목숨이 위험할지도 몰랐다.

아무튼 달렸다. 갈림길과 마주할 때마다 멈춰 서서 심호흡했다. 눈을 감고 할아버지의 모습을 떠올려보았다. 빨간 스웨터를 두드러지게 하는 깨끗한 백발. 살짝 앞으로 기울인 자세로 뒷짐을 진 채 걷는 모습.

"부디 할아버지가 걸어가신 길을 알려주세요."

조용히 눈을 뜨고 무수한 길 중 하나를 골라 달려갔다.

여섯 시간이 지났지만 할아버지는 보이지 않았다. 찾다 지쳐서 기력이 바닥나기 직전이었다. 일단 돌아가자. 좀 쉬고 다시 찾자. 그렇게 생각한 순간이었다. 닛산자동차의 쇼윈도에서 나오는 조명이 낯익은 사람을 비추고 있었다. 그 사람은 내 쪽으로 걸어왔다.

전쟁터에서 돌아온 남편을 맞이하는 기분에 사로잡혔다. 용솟음치는 기쁨에 펄쩍펄쩍 뛰면서 할아버지에게 달려갔다. 꼭 끌어안고 싶었다.

정처 없이 계속 걸었을 할아버지. 한참 동안 찾아 헤맨 나. 이 넓은 도시에서 두 사람의 '나'가 완전히 동기화한 것이다. 감동적인 포옹이 이뤄질 것이라고 생각한 그 순간, 할아버지는 가볍게 몸을 비켜 나를 피하며 말했다.

"지금 바쁩니다."

당신한테 볼일 없다. 그런 느낌으로 담담하게 계속 걸어가는 것이 아닌가. 나는 갈 길 잃은 감정을 두고 어쩔 줄 몰랐다. 할아버지는 나를 감동시키지 않았다. 오히려 이제 어떻게 할아버지를 데려가야 하느냐는 새로운 과제를 내게 주었다. 결국 미행하듯이 따라가는 수밖에 없었다.

"지금 바쁩니다." 이 말을 들었던 때도 나는 용서를 받은 느낌이었다.

지금껏 수많은 사람을 넘어지면 일으켜 세우고 행방불명되면 찾아주었다. 그 어떤 어르신도 나를 책망한 적은 없다. 노혼과 인지저하증 때문에 상황을 몰랐던 것은 아니다. 어르신들은 자신의 인생을 스스로 책임지고 있었다. 그 사실을 염두에 두고 어르신을 지켜야 한다고 생각한다.

한 사람을 위한 중계기지

"알 게 뭐야."

"지금 바쁩니다."

가즈에 씨도, 할아버지도 나를 버려두고 가버렸다. 사실은
용서도 책망도 하지 않는 것이다. 즉, 그들은 '맘대로 해.'라고
한 것이나 마찬가지다. 그럼 어떻게 맘대로 하면 좋을까. 사
고를 철저하게 배제하는 관리는 지배와 다르지 않다. 자유방
임은 방치로 전락한다.

살펴봐야 하는 것은 관리의 문제가 아니라 '태도'다. 지배
와 자유방임의 공통점은 당사자에게 '관심이 없는 것'이라고
생각한다.

원래 사람은 밖으로 나가게 마련이다. 의미가 있든 없든 사
람은 외출한다. 외출한 곳에서 갑자기 죽어버리는 것 역시 사
람의 일상이다. 노혼과 인지저하증을 이유로 어르신들을 그
당연함에서 멀리 떨어뜨려도 괜찮을까? 사람이 살아가면서
피할 수 없는 위험성을 당사자가 스스로 떠안을 수 있도록 지
원하는 것, 그게 무엇일지 계속 모색하고 싶다.

．．．

"남편이 말이야. 나 보고 '미쳤어, 미쳤어.' 하는 거야. 너무 분해. 나도 받아치고 싶어. 나는 미치지 않았어. 노망난 거지."

당당하게 '노망'을 긍정하는 할머니가 있었다. 미쓰코 씨다. 새하얀 백발. 일본인과 동떨어진 용모는 영화 「센과 치히로의 행방불명」에 등장하는 유바바와 비슷했다.

아흔이 넘은 남편도 더 이상 아내를 돌볼 형편이 아니어서 미쓰코 씨는 거처를 요리아이로 옮기게 되었다. 미쓰코 씨는 점심을 먹으면 항상 남편을 떠올렸다.

"저기, 영감은 제대로 밥 먹었을까 모르겠네. 미안한데 잠깐 집에 좀 갔다 올게요."

남편에게 밥상을 차려주기 위해 돌아가려 했다. 고마운 점은 밖에 나간다는 사실을 알려준다는 것이었다. 그 덕분에 함께 걸어갈 수 있었다.

미쓰코 씨가 걸어가는 모습을 보면 신기한 기분이 든다. 남편에게 밥을 차려주려고 나선 길인데 겨우 몇 분 뒤에는 그 사실을 잊어버렸다. 걷는 이유를 잃어버렸음에도 불구하고 전혀 주저하지 않고 계속 걸었다.

"오늘은 덥네. 맞다, 아이스크림이 있을 텐데."라면서 손

에 든 봉지를 뒤적거렸다. 봉지에서 속옷과 바지를 끄집어
내면서 찾았지만 아무리 찾아도 아이스크림은 없었다.

"어, 이상하네. 없어, 없는데."

미쓰코 씨는 포기할 수 없다는 듯이 다시 걷기 시작했다.
대체 어디에 가려는 걸까.

나는 지금껏 어르신이 만족할 때까지 함께 걸었다. 걷다 보
면 머지않아 기력도 체력도 바닥이 났다. 그때가 찾아올 때까
지 함께 걸을 뿐이었다. 곰곰이 생각해보니 그렇게 걷기만 해
서는 아깝다는 생각이 들었다. 걸으면서 이런저런 곳에 들르
기로 했다. 방문한 곳에 대수롭지 않은 듯이 미쓰코 씨를 지
켜봐달라고 부탁했다.

처음에는 주민회관에 들러보았다.

"잠깐 여기서 쉴까요."

미쓰코 씨의 손을 잡고 회관에 들어갔다. 사무실에 있는 직
원과 가볍게 인사하며 눈을 마주쳤다.

"실례합니다. 잠깐 쉬었다 갈게요."

직원은 싹싹하게 시원한 차를 내어주었다.

"늘 신세 지고 있습니다. 요리아이에서 지내시는 어르신이
에요. 혹시 혼자 걷고 계신 걸 보면 전화 부탁드립니다."라고
귀엣말을 했다. 직원은 말없이 고개를 끄덕였다.

주민회관을 시작으로 쌀집, 술집, 다른 돌봄시설 등 부탁하기 쉬운 곳에 "이분이 혼자 걷고 있으면 요리아이에 전화 주세요."라고 전하며 걸었다. 이럴 때 감사한 곳은 역시 개인 상점이다. 그들은 흔쾌히 부탁을 받아주었다.

이런 방법으로 요리아이 주위 반경 200미터의 세상에 미쓰코 씨만을 위한 중계기지들을 만들었다.

요리아이에서 나가고 15분 이내라면 반경 200미터 이내의 지역에 있을 가능성이 높다. 혹시 미쓰코 씨의 외출을 우리가 눈치채지 못해도, 200미터 내의 중계기지들에서 누군가가 알아보고 연락해줄 가능성이 생겼다. 그런 우연이 일어날 수 있도록 부탁하며 돌아다닌 것이다.

미쓰코 씨가 밖을 돌아다닌 덕에 중계기지가 만들어졌다.

고통 분담

점으로 연결된 중계기지들을 면으로 만들 수는 없을까. 요리아이 주위 반경 200미터의 지도를 출력해서 사무실에 붙여보았다. 중계기지들을 면으로 이어줄 것이 없을까. 찬찬히 살펴보았다. 딱 맞는 게 있잖아. 바로 개인 주택이었다.

다닥다닥 붙어 있는 주택들을 하나하나 돌면서 미쓰코 씨를 지켜봐달라고 부탁하기로 했다.

그때 문제가 되는 것은 개인정보였다. 얼굴 사진이 실린 전단지를 배포하기 때문에 신중해야 했다.

일단 미쓰코 씨의 가족과 논의했다. 어째서 그런 일을 할 필요가 있는지 돌봄 현장에서 벌어지는 갈등과 어르신들이 놓인 상황을 설명했다.

- 어머님이 자주 외출하시는 것.
- 외출하면 스스로 요리아이에 돌아오기 어려운 것.
- 외출할 때는 함께하려 노력하는 것.
- 때로는 어머님이 외출한 사실을 모르기도 하는 것.
- 몇 차례 어머님을 찾아 헤맨 것.
- 목숨을 위협하는 사고가 일어날지 모르는 것.
- 그런 일이 두려운 것.
- 생명을 지키는 것과 사람의 자유를 지키는 것 사이에서 돌봄 현장이 갈등을 겪는 것.
- 돌봄 사고로 인한 소송과 배상 책임을 두려워한 나머지 관리책임자가 어르신의 자유와 존엄보다 안전을 우선하기 쉬운 것.
- 안전을 지키는 수단으로 약을 사용한 제어와 자물쇠를

채우는 격리가 가족의 동의하에 이뤄지고 있는 것.

- 그런 방식으로 유지되는 안전에 행복이 있을지 의문시하는 것.
- 지금까지 돌보는 쪽의 사정으로 이뤄지는 제어와 격리 때문에 어르신의 인지저하증이 악화되는 장면을 목격해 온 것.
- 이런 일은 어머님만의 문제가 아니라 우리의 문제, 우리 사회의 문제이기도 하다는 것.
- 어머님이 걸어 다니는 코스의 곳곳에 휴식 장소가 되어 주는 주민회관과 상점이 있는 것. 이미 이 지역의 많은 사람들이 어머님을 지켜봐주고 있는 것.

여러 이유를 이야기했다.

우리가 어르신과 함께 걷는 것은 사람을 속박하고 싶지 않기 때문이다. 격리하고 싶지 않기 때문이다. 본래 자신의 의지로 타인을 속박하는 사람 따위는 없을 것이다. 개인적인 이유로 타인을 속박하면 범죄 행위인데, 어째서 공적인 곳에서는 속박이 허용되는가.

돌봄 현장에서 이뤄지는 제어와 격리는 누구를 위한 행위인가. 어째서 우리처럼 돌봄이 직업인 사람들은 '자기 손'으로 그런 일을 하는가.

한 사람의 인간이 다른 인간을 너무나 간단히 속박하거나 가둘 수 있는 이유는 그 행위를 자신의 의지로 하지 않기 때문이다. 자신의 배후에 있는 '내가 아닌 것'이 그 행위를 시키고 있다.

감히 말하면 우리 사회는 돌봄 현장이 합법적 제어와 격리가 이뤄지는 장소이기를 비밀리에 요구하고 있다. 현장은 그 비밀스러운 요구를 면책권으로 쓴다.

귀찮은 골칫거리에 손이 많이 가는 존재를 내버려두지도 못하고 어쩔 줄을 모르는 것이다. 인간의 자유를 억누르는 것을 금지하면서도 '말은 그렇지만'이라고 태도를 바꿔 속박하거나 가두어도 괜찮은 이유를 '노혼'과 '인지저하증' 등에서 찾고 있다.

그래서 우리 사회는 돌봄 현장에 있는 어두운 그림자를 필사적으로 숨기고 있다. 손을 맞잡고 웃는 얼굴로 포장된 팸플릿을 만든다. 거리에 가득한 시설들은 이름만 보면 그저 행복할 것 같다. 돌봄을 정성스러운 무언가로 채색함으로써 떳떳하지 못한 가해자성을 사회 전체가 숨기고만 있는 것이다.

돌봄 현장에서 벌어지는 부조리한 일들은 돌봄 현장의 특징적인 성질에서 비롯된 것이 아니다. 이 사회에 있는 병리病理가 구체적인 형태로 돌봄 현장에 나타나고 있는 것이다.

어떻게 하면 좋을까.

자유와 안전은 서로 밀어내는 자석처럼 사이가 나쁘다. 우리는 반발하는 자기장 속에서 타협할 수 있는 방안을 찾아낼 수밖에 없다. 최악의 사태를 아예 없애려는 노력이 아니라 최악의 사태를 품어낼 수 있는 노력이 필요하다.

오해를 무릅쓰고 말하면 당사자에게 비극이란 운 나쁘게 죽는 것이 아니라 타인의 손에 속박당하고 가두어져도 저항하지 못한 채 계속 살아가는 것이 아닐까. 당사자에게 괴로운 사실은 그 일에 최종적으로 가족이 동의했다는 것이다. 그리고 그러기를 강요하는 것은 바로 우리 전문가다.

설령 리스크 관리를 철저하게 해서 '운 나쁘게 죽어버리는 건수'를 줄일 수 있다 해도 운 나쁜 상황과 직면하는 '한 명의 당사자'는 반드시 존재한다. 억압과 격리가 아닌, 다른 방법으로 쌓은 관계 속에서 '운 나쁘게 죽게 되는 현실'을 집단적으로 받아들이게 할 수는 없을까.

피할 수 없는 슬픔. 도망칠 수 없는 후회. 뛰어넘을 수 없는 한계. 숨길 수 없는 보신주의. 예를 들어 이런 '고통'들을 서로 돌볼 수 있는 관계를 기르려면… 어떤 방법이 있을까.

가족과 지역을 끌어들이면서 '당당해지기 위한 고통 분담'을 하는 것이 우리에게는 필요했다. 그것이 결과적으로는 최악의 사태를 줄이는 길이기도 했다.

그런고로 동의를 구한다기보다는 내가 생각해도 질릴 만큼 뜨겁게 주장한 끝에 가족에게서 승낙을 받았다. 주위에 부탁하기 전에 다음과 같은 규칙을 세웠다.

- 부탁하는 범위는 요리아이 주위 반경 200미터 이내로 제한한다.
- SNS 등 전자 미디어로 퍼뜨리지는 않는다.
- 전단지 뒷면에는 우리의 문제의식을 자세히 적는다.

자, 준비는 끝났다. 남은 일은 용기를 내어 주위의 이웃들에 부탁하러 다니는 것뿐.

누워만 있는 게 나아

걱정만 하느니 일단 해보면 별일 아니다. 이웃들의 반응은 예상보다 좋았다.

"어머, 큰일이네요. 실은 저희 어머니도 인지저하증이었는데, 혼자 바깥에 나가서 큰일이었어요. 앞으로 신경 쓸게요."

"저는 학부모회 임원으로 활동하고 있어요. 이런 문제는 학부모회에서 의제로 다뤄도 좋겠네요."

"제가요. 실은 민생위원이에요. 제가 할 수 있는 일이 더 있다면 언제든 편히 말씀해주세요."

대체로 흔쾌히 협력해주겠노라 따뜻한 말을 건넸고, 각자의 경험도 들려주었다. 무엇보다도 그간 막연하게 느껴졌던 동네에 구체적인 얼굴이 생긴 듯했다. 그런 체감은 우리 마음을 든든하게 해주었다.

당연히 정반대되는 반응도 있었다.

"됐어요."

"필요 없어요."

완벽하게 방문 판매로 착각했다고 말할 수밖에 없는 반응.

"지켜봐달라고 해도…."

당황스러워하는 사람도 있었는데, 그저 너무 진지하고 성실하기 때문이라고 생각한다. 어쨌든 냉담하게 거절을 당하면 우리도 기운이 빠졌다.

여러 차례 방문하면 실례였기 때문에 사무실에 붙인 지도에 방문 여부를 표시했다. 따뜻하게 맞이해준 집은 분홍색으로, 차가웠던 집은 파란색으로 칠했다. 지역 사회는 아직 충분히 살아 있었다. 지도가 거의 분홍색으로 채워진 것이다. 두 가지 색으로 나뉜 집들을 보면서 생각했다. 이 지도야말로 공개되어서는 안 되는 개인정보 아닐까.

5장 집이 육체가 된 할머니

그리고 무서워졌다.

구분해서 칠하는 것 자체가 좋지 않았다. 분홍색으로 칠한 집 속에도 파란색이 있고, 파란색 속에도 분홍색이 있다. 때와 장소에 따라 사람은 분홍색도 파란색도 될 수 있다.

이웃 방문과 더불어 주민회관에서 공부모임도 열었다. 주민회관장의 인맥을 빌려서 관심이 있을 법한 사람들에게 공부모임을 알려달라고 부탁했다. 또한 주민회관에서 자치활동 모임이 열릴 때는 반드시 달려가서 모임 시작 전에 5분을 빌려 공부모임 참석을 권했다.

조직이 아니라 개인에게 알리는 것을 염두에 두었다. 목적은 어디까지나 '미쓰코 씨를 우연히 발견하는 것'이지 어르신을 지켜보는 모임 등을 조직하려는 것이 아니었다. 즉, 조직화하지 않는 것을 마음에 새겼다.

"우연히 혼자서 걷는 미쓰코 씨를 발견하면 요리아이에 전화 주세요."라고만 부탁했다. 그리고 미쓰코 씨가 접한 세계를 더욱 깊게 이해하기 위해 노혼과 인지저하증에 관해 함께 공부하지 않겠느냐고 청했다.

공부모임에는 서른 명 넘는 주민이 참석했다. 당사자인 미쓰코 씨도 함께했다.

"만약 하느님이 여러분께 '너는 노혼, 아니면 누워 지내는 것밖에 선택할 수 없다.'고 한다면 어느 쪽을 선택하시겠습니까?" 그 자리에 있는 모두에게 질문해보았다.

대부분의 사람이 노혼을 택했다. 주민들은 "노혼 때문에 사리를 분별할 수 없게 되면 내가 폐를 끼친다고 못 느낄 거다. 그러면 행복하지 않을까. 그러니 누워서 꼼짝 못 하는 것보다 움직일 수 있는 노혼을 선택하겠다."라고 주장했다.

누워서 지내는 걸 선택한 사람에게도 손을 들어달라고 했다. 그랬더니 세상에, 모임의 주인공인 미쓰코 씨가 손을 들었다. 나는 곧장 미쓰코 씨에게 질문했다.

"왜 누워서 지내는 걸 고르셨어요?"

"노망이 나면 이리저리 싸돌아다녀서 주위에 민폐를 끼치니까."

귀를 의심했다.

(바로 미쓰코 씨가 그러시는데요.)

나는 마음속으로 중얼거렸다. 아마 나만 그러지는 않았을 것이다.

노혼이 있는 미쓰코 씨가 누워서 지내는 것을 선택했을 뿐 아니라 노망이 나면 민폐를 끼쳐서 싫다고 주장했다.

'노혼이 있으면 사리 분별을 못해서 폐를 끼치는 걸 모른다'는 주민들의 주장을 미스코 씨는 단호하게 부정했다. 더나아가 노혼이 있는 당사자면서 마치 다른 사람 일인 것처럼 '노망'에 대한 편견을 노골적으로 드러냈다.

그 모습을 목격한 주민들은 미쓰코 씨에게 미소 섞인 시선을 보냈다.

(저분이구나. 그래, 알았어.)

장내는 조용했지만, 참석한 사람들의 마음이 하나가 되는 걸 피부로 느낄 수 있었다.

천만에요

한 집 한 집 다니며 부탁하다 보니 금세 이웃들의 분위기가 바뀌었다고 직원이 말을 꺼냈다.

"평소처럼 집에 돌아가려 하는 미쓰코 씨와 걸어 다녔어요. 저는 미쓰코 씨 옆에 서지 않고 몇 미터 뒤에서 따라갔는데요. 어느 집에서 한 아주머니가 뛰어나오시는 거예요. 그분이 미쓰코 씨에게 말을 걸려고 하는데, 뒤에서 걷는 저를 알아채셨어요. 빙긋 웃으면서 '아, 같이 있구나.'라고 저를 확인하고는 집에 돌아가시더라고요. 뭐랄까, 마음이 놓였어요."

그 이야기를 듣고 짊어진 짐이 조금 가벼워진 느낌이 들었다. 이 느낌은 무엇일까. 책임이 가벼워졌다는 것과는 명백히 달랐다. 마음이 가벼워졌다고 할까. 기쁨이 샘솟았다고 할까.

내 머릿속에 '자유'라는 말이 떠올랐다. 자유에 형태가 있다면 그 테두리를 아주 살짝 건드릴 수 있었던 것이 아닐까.

더 나아가 이웃 방문과 공부모임의 성과가 눈에 보이게 나타났다.

공부모임을 하고 16일 뒤였다. 미쓰코 씨가 사라졌다. 아침을 먹은 직후에 요리아이에서 나간 듯했다.

바로 찾으러 달려 나갔다. 항상 반복되는 갈등의 시간이 시작되었는데, 그날은 금방 끝났다. 15분도 지나지 않아 휴대전화가 울렸다.

"찾았어요! 동네 분이 미쓰코 씨를 알아봐주셨어요. 차로 데려다주신다고 해요."

요리아이에 돌아가니 자동차가 먼저 도착해 있었다. 근처에 사시는 분과 미쓰코 씨가 차에서 내렸다.

"감사합니다. 다행이에요!"

진심이 배 속에서 솟아났다. 그날 내가 말했던 "감사합니다"는 인생을 통틀어 세 손가락에 꼽을 수 있는 감사 인사였다.

"천만에요."

그 말을 한 건 미쓰코 씨였다.

"어머, 좋은데요. 이런 식으로 지켜보면 되는군요."라는 이웃 사람.

그분은 반경 200미터 이내에 거주하는 아주머니였다. 공부모임에도 참석했다고 했다. "우연히 바깥을 내다보는데 할머니가 걷고 계시는 거예요. 아, 그분이다. 발견한 거 있죠."라고 아주머니가 말했다. 무척 기뻐하는 것 같았다. 아주머니는 "우연히 시간이 있어서"라며 굳이 자동차로 데려다주었다. 아주머니가 거듭해서 말한 '우연히'가 핵심으로 느껴졌다.

. . .

가즈에 씨도 이미 '우연'이 낳은 행동들에 도움을 받고 있었다.

동네에는 가즈에 씨와 그리 친하지 않지만 모르지는 않는 사람이 적지 않았다. 그런 사람들은 집에 돌아가지 못하고 헤매는 가즈에 씨와 마주치면 집까지 바래다주었다. 그런 조치는 '그 상황에 한정'된 것으로 아무도 모르게 이뤄지는 경우가 많다. 높은 윤리관과 문제의식에서 비롯된 행동이라기보다 솔직히 못 본 척할 수 없어서 말려들었다고 하는 게 어울리지 않을까.

그와 더불어 '그 상황에 한정'되었다는 점에서 마음 편하다는 매력이 있다. 약속이나 계약 등으로 정해진 일은 이행해야 한다는 요구를 받는다. 하지만 '그 상황에 한정'된 조치라면, 상황에 따라서는 '보고도 못 본 척'해도 괜찮다는 말이 된다.

관여할까, 아니면 관여하지 않을까. 가즈에 씨와 마주칠 때마다 당황하고 망설인다. 어느 쪽도 선택할 수 있기 때문이다.

"이 할머니가 혼자 다니시면 요리아이에 전화 주세요."

우연히 가즈에 씨를 발견해버린 사람은 두근거리며 가즈에 씨에게 말을 건다. 그리고 우연히 준 도움에 기쁨을 느끼고 긴장을 풀며 요리아이에 연락을 준다.

5장 집이 육체가 된 할머니

망가진 장난감

가즈에 씨를 지원하면서 고민한 점은 '외출'이었다. 그것만 없으면 요양보호사의 방문을 받고 요리아이에 다니면서 몸이나 다름없는 집에서 계속 살 수 있었다.

내 생각과는 반대로 가즈에 씨는 외출을 계속했다.

경찰의 연락을 받아 데리러 가거나 다 같이 찾아 헤매는 일이 점점 늘어났다.

어느 날, 반나절 넘게 가즈에 씨가 행방불명되었다. 발견했을 때는 가즈에 씨도 초췌한 모습이었다. 녹초가 되어서 몰골도 말이 아니었다. 그날은 집에 보낼 수 없었다. 제대로 먹고 마시지 않으면 탈수 상태에 빠질지 몰랐다.

녹초가 되어 저항하지 못하는 걸 이용해서 그날은 요리아이에 묵게 했다.

이렇게 된 거 여기서 살게 할까.

그러면 좋겠다고 생각했다. 머지않아 가즈에 씨가 공간을 인지하지 못하게 될 것은 명백했다. 그렇게 되기 전에 '노쇠가 심해져서 외출할 수 없게 되면 좋을 텐데'라고 바라기까지 했다.

하루, 이틀, 요리아이에서 지내는 기간이 길어졌다. 가즈에 씨는 원기를 회복했다. 요리아이에서 하는 생활에 익숙해지면 집에 돌아가지 않아도 괜찮을 터였다.

기력과 체력을 되찾으면서 가즈에 씨의 행동에 이상이 발생하기 시작했다.

가만히 앉아 있지 못했다. 그리고 걸었다. 걷고, 걷고, 계속 걸었다. 간신히 앉도록 유도해도 몇 분 지나지 않아 다시 일어나서 걷기만 했다.

밥도 제대로 먹을 수 없었다. 몸이 쉬는 걸 잊어버린 듯했다. 집에 돌아가려 하는 것도 아니고, 밖에 나가려는 것도 아니었다. 그저 걸었다.

이윽고 걷는 방식이 이상해졌다. 왼쪽 옆구리 근육은 수축하고, 오른쪽 옆구리 근육은 늘어났다. 전신이 활처럼 휘기 시작했다. 그 모습은 멀리서 보면 알파벳 'C'로 보일 정도였다. 균형이 무너지면서 비틀비틀 갈지자로 걸었다. 쉬려고 하지 않는 몸에 한계가 찾아온 것 같았다. 그럼에도 걸음을 멈추지 않았다.

그 걸음에서는 목적이나 의지가 느껴지지 않았다. 마치 쉬지 않고 같은 행동을 되풀이하는 망가진 장난감. 작은 흠집에 바늘이 끼어 같은 멜로디만 흘러오는 레코드판 같기도 했다. 움직이면서도 무언가가 멈춰버린 것이다.

몸이 집에 돌아가고 싶어했다.

가즈에 씨의 몸에는 그 집에서만 켜지는 스위치가 무수히 있었던 것이다. 오줌 스위치만이 아니었다.

'가능하면, 집에서 죽기를.'

나는 제멋대로 그렇게 생각했다. 어느 날 마중을 갔는데 가즈에 씨가 이부자리에서 죽어 있기를. 새하얘진 얼굴. 입술 끝이 조금 위로 올라가서 웃는 것처럼 보일지도. 그렇게 잠자듯이 죽으면 좋겠다고 상상했다. 가즈에 씨와 집의 분리 수술 같은 걸 하지 않으면 좋겠다고.

집에 돌아가자 며칠 지나지 않아 가즈에 씨의 몸은 원래대로 돌아갔다.

집 지키는 할아버지

가즈에 씨의 마지막을 생각했다. 언제 죽어도 이상하지 않은 나이였다. 그 집에서 '홀로 죽음'을 맞이해도 좋을까. 타이밍을 봐서 요리아이로 거처를 옮길까. 우리가 이끄는 것보다 빨리 가즈에 씨는 싱겁게 답을 내버렸다. 어느 날의 행방불명을 계기로 요리아이에서 계속 지내기 시작한 것이다.

노혼이 심한 어르신은 지능이나 판단력과는 다른 힘으로 자신의 의사를 드러낸다. 가즈에 씨와 비슷하게 요리아이로 거처를 옮긴 할아버지가 있었다.

. . .

할아버지는 한 발 먼저 노혼이 심해진 아내를 돌보며 살고 있었다. 아흔이 넘은 부모님끼리 생활하는 것을 걱정한 따님은 요양시설에 보낼지 고민하고 있었다. 일단 입주 신청을 했지만 각오를 하지는 않은 상태였다.

"제 안심만을 이유로 부모님을 시설에 보내는 게 맞나 싶어요. 아버지는 어머니뿐 아니라 그 집을 지키고 계세요. 두 분의 생활에 계속 불안해하는 제 마음과 계속 집에서 살 거라고 철석같이 믿고 있는 아버지 사이에서 고민하고 있어요."

나는 두 분이 거처를 옮길 타이밍이 될 때까지 방문 요양과 요리아이에 다니는 걸 병행하면서 재택 생활을 계속하기를 권했다.

할아버지는 요양보호사의 방문을 경계했다. 편의점에서 판매하는 빵 속에 바늘을 숨기는 사건이 일어난 걸 텔레비전 뉴스로 본 할아버지는 그 범인이 요양보호사라고 믿었다. 그래서 "바늘 조심해."라고 쓴 메모를 아내에게 건네기도 했다.

그래도 매일같이 만나면서 점점 관계가 쌓여갔다. 요양보호사에게 간식을 주는 게 즐거워서 슈퍼마켓에 장을 보러 가는 새로운 습관도 생겼다.

그렇지만 그 즐거움이 외려 독이 되어 장을 보고 돌아가다 길을 잃어 집에 가지 못하는 일이 일어나기 시작했다.

늦더위가 심했던 가을의 어느 날. "집에 왔는데 할아버지가 안 계세요."라는 요양보호사의 연락을 받고 짐작이 가는 곳을 찾아다녔다. 단골인 담배 가게에서 할아버지가 계신 곳을 알려주어 데리러 갔다.

햇빛에 계속 노출되어 있었는지 피부가 빨갛게 익어 있었다. 주머니에는 마른 나뭇잎이 가득했다. 아마 할아버지는 즐겁게 장을 보러 나섰을 것이다. 여름에서 가을로 변해가는 계절. 무성했던 나무들의 초록색 잎도 성미 급한 것들은 벌써 가을의 빛깔로 물들고 있었다.

할아버지는 길에 떨어진 노란색 낙엽을 걸음마다 집어서 주머니에 넣었을 것이다. 예술가 기질이 있는 할아버지다웠다. 하지만 아쉽게도 집은커녕 슈퍼마켓에도 갈 수 없었던 모양으로 잔뜩 사려고 했던 과자도 구하지 못했다.

언제까지, 그 집에서 살아갈 수 있을까.

담뱃불 때문에 집 안 여기저기가 그을려 있었다. 냉방으로 설정한 에어컨의 리모컨을 잘못 건드려서 난방으로 전환되기도 했다. 전화선을 뽑아서 불통으로 만들어버렸다.

안부를 확인하려던 따님이 전화를 안 받는다고 연락해서 할아버지의 상황을 살피러 간 적이 있었다.

초인종을 누르자 현관문에 달린 작은 창으로 할아버지의 모습이 보였다.

"누구십니까?"

수상쩍게 여기는 말투였다.

"요리아이에서 왔습니다. 따님이 부탁하셔서 왔어요."

할아버지는 요리아이를 오래전의 합창다방歌声喫茶*으로 여기며 기억에 담아두고 있었다.

할아버지는 "아아."라면서 문을 열었다.

할아버지가 뒤로 무언가를 숨기고 있는 것 같았다. 자세히 보니 나무 몽둥이였다. 상대방이 불량배라면 싸울 각오였던 것이다.

그야말로 집을 지키고 있었다.

---

* 손님들이 다 함께 합창하는 것이 주된 목적인 찻집이다. 1955년 전후에 일본의 대도시에서 유행하기 시작했고 1970년대에 쇠퇴했다.

5장 집이 육체가 된 할머니

고군분투하는 할아버지

그곳은 작은 셋집이었다. 지은 지 50년이 넘었을까. 본래 같은 집이 여러 동 있었지만, 대부분 헐렸고, 남은 건 할아버지 부부가 사는 집뿐이었다. 집주인의 재량으로 할아버지 부부가 사는 집만 남겨둔 것이다. 노부부가 생활하는 덕에 살아남은 집이었다.

한 해, 두 해가 지나며 두 사람은 점점 늙어갔다. 돌봄의 주역이었던 할아버지는 아내를 온전히 돌보지 못하게 되었다. 아내가 한 발 먼저 요리아이에 들어갔다.

"아버지는 지금까지 계속 어머니를 돌봤잖아. 같이 요리아이에 들어가는 게 안심되지 않아요?"

따님은 이 기회에 아버지도 요리아이로 옮기길 바랐다.

그렇지만 할아버지는 살던 집을 지키겠다는 의지를 불태웠다.

"나까지 집을 나가면 어떻게 하냐. 그 사람(아내)이 돌아올 곳이 없어지지 않냐."

더더욱 의욕적이 되어버린 것이다.

나는 가족끼리 대화해보길 제안했다. 할아버지를 비롯해서 따님 부부와 아드님 부부, 요양보호사에 나까지 참여하는 회의를 열었다.

목적은 요리아이에 들어가도록 할아버지를 끝까지 설득하는 것. 가족에게는 마음속에 쌓인 불안을 있는 그대로 이야기하라고 했다. 가족은 사랑하기 때문에, 걱정하기 때문에 시설에 들어가길 권할 수 있다. 우리 자식들을 위해서 "시설에 들어가줘요."라고 간청하는 것이다.

나를 비롯한 전문가들은 가족의 지원을 맡았다. 이 회의에 할아버지의 아군은 없다, 그 집에서 계속 살아갈 셈이라면 할아버지가 고군분투하게 될 것이다. 가족들과 이런 내용을 의논하고 회의에 임했다.

예측대로 할아버지는 고립무원인 채 분투했다. 따님은 마음속에 있는 불안과 갈등을 모조리 토해냈다. 돌보는 사람의 한계를 알려주고, 할아버지는 그 이야기를 듣는 시간이 되었다.

"나는, 거기(요리아이)에서 살게 되면 내가 아니게 될 거다."

부들부들 떨면서 중얼거린 할아버지의 말과 함께 회의가 끝났다.

"어쩔 수 없네요."

나는 이 대사를 말하기 위해 그 자리에 있었다.

"그렇네요."

따님은 한숨 섞인 대답을 하며 눈을 내리깔았다. 가족과 우

5장 집이 육체가 된 할머니

리는 시설 입주를 포기했다. 할아버지는 지금까지 했던 대로 요리아이에 다니면서 집에서 계속 생활하기로 했다.

그 회의는 돌보는 사람을 위한 것이었다. '포기하겠다는 합의'가 필요했던 것이다. 가족이든 전문가든, 돌보는 사람에게는 이런 과정이 필요하다고 생각한다.

'앞으로 무슨 일이 일어나도, 그건 아버지가 바란 것. 아버지를 존중한 결과 일어난 일이니까.'

가족에게는 그런 '핑계'가 필요하다. 그 핑계를 우리 같은 타인과 공유함으로써 각오를 굳히고 아버지의 재택 생활을 지켜볼 수 있다.

반전하는 몸

혼자 살기 시작한 할아버지는 아내가 돌아오는 날을 손꼽아 기다렸다.

"자, 아내 분이 기다리시는 요리아이에 가요."

자신을 배웅하는 요양보호사를 붙잡고 할아버지는 소리쳤다.

"아, 아내가 살아 있는 겁니까!"

돌아오지 않는 아내를 기다리는 사이에 '아내는 죽었다'고 믿었던 모양이다.

따님은 혼자 생활하는 아버지의 외로움이 조금이나마 가실까 해서 어머니의 사진을 장식해두었다. 얼굴이 잘 보이게끔 확대해서 커다란 액자에 넣었는데, 그 크기 때문에 '아내의 죽음'을 떠올리는 듯했다. 영정 사진으로 보였던 모양이다.

한편으로 아내는 젊음을 되찾고 있었다. 10대로 타임 슬립을 할 때가 잦아진 것이다. "오늘은 남편 분을 뵐 수 있어요."라고 직원이 말을 걸면 "뭐라는 거야."라며 코웃음을 쳤다. 10대인 아내는 결혼 따위 한 적 없었다.

아내는 과거로 돌아갔고, 남편은 미래로 날아갔다. 부부가 모두 시공을 뛰어넘었다.

어느 날, 할아버지가 현관에서 넘어졌다. 신발장에 머리를 부딪쳐서 피투성이로 쓰러져 있는 걸 요양보호사가 발견했다.

요양보호사의 긴급 연락을 받고 할아버지를 병원으로 옮겼다. 다행히 뼈에는 이상이 없었지만, 피부가 찢어져 여섯 바늘을 꿰맸다.

혼자 생활하기 힘든 상태였기에 상처가 나을 때까지 요리아이에 머물게 했다. 지금까지 있었던 일들을 돌아보면 할아버지가 순순히 시설에 있어줄 것 같지는 않았다.

집에 돌아가려 하는 할아버지. 붙잡는 우리. 공방전이 시작되리라고 예견되었기에 직원들은 모두 긴장감에 휩싸였다. 당직자는 특히 바싹 긴장하고 출근했다.

"만약에 할아버지가 저를 뿌리치고 집에 돌아가시려 하면 전화할게요. 그러면 누구든 상관없으니까 최대한 빨리 와주세요."라고 약속을 구할 정도였다.

전화는 걸려오지 않았다. 모두 맥이 풀렸다. 당직자가 간밤의 자초지종을 들려주었다.

"진짜 큰일이었어요. 할아버지가 분명히 돌아가겠다고 하실 줄 알았거든요. 그런데 전혀 그러시지 않는 거예요."

"어? 그럼 뭐가 큰일이었는데?"

"그게, 일단 눈빛이 엄청 무서웠어요. 다른 어르신들을 공격적으로 엄청 째려보시는 거예요. 어떡하면 좋을지 몰라서. 대체 무슨 생각을 하시는지 알 수가 없더라고요. 밤은 그렇게 보냈어요. 문제는 아침이었어요. 식사하시는 어르신들한테 '당신들은 누구 허락을 받고 여기 있는 거야. 여기는 내 집입니다. 이제 좀 나가주세요.'라고 화내시는 거예요. 어떻게든 수습하려는 저한테도 위협적으로 '당신도 나가주세요.'라고 하고요. 다른 사람들을 쫓아내려는 걸 막느라고 큰일이었어요. 지금은 방에서 조용히 계세요."

할아버지는 분명히 자신의 집에서 살려고 집착해왔다. 그런데 이토록 간단히 그 집을 놓아버리다니 예상치 못한 일이었다. 어째서 요리아이가 할아버지의 집이 된 걸까.

할아버지는 '나는 요리아이에서 살면 내가 아니게 된다'고 생각했다. 그래서 차라리 요리아이를 집으로 여기면 '내가 나로 있을 수 있다'고 생각한 것이 아닐까. 할아버지가 의식적으로 그렇게 생각한 것이 아니라 자신을 지키기 위해 마음이 뇌를 꼬드겨서 그런 스토리를 만들게 한 것이라고 나는 추측했다.

그렇지만 그런 추측만으로는 납득하기 어려운 점이 있었다. 그 추측에는 몸이 누락되어 있었기 때문이다. 신발장에 머리를 부딪쳐 피를 흘린 것은 몸이었다. 할아버지의 머리는 두피가 짝 찢어졌고 모공이 보일 만큼 부어올랐다. 그렇게 상처 입고 고통을 느낀 것은 몸이었다.

집에서 혼자 생활하는 것이 위험하다고 뼈저리게 느낀 쪽은 마음보다 몸이었다. 그러니 뇌에 이런 생활은 위험하다고 호소한 것은 몸 아닐까. 하룻밤 사이에 요리아이가 할아버지의 집이 된 것은 몸과 뇌가 지어낸 스토리 때문인 듯했다.

．．．

가즈에 씨 역시 그날의 행방불명으로 목숨이 위험하다고 몸이 느꼈던 것 같다. 오랜 세월 살아온 집과 관계를 딱 끊어 버리고 주거지를 옮기는 반가운 반전을 일으킨 건 몸이었다. 큰 각오를 할 때 배에 힘을 줘야 하듯이 역시 변화에는 몸이 필요했던 것이다.

가즈에 씨가 요리아이에 자리 잡는 과정은 할아버지와 달리 조용했다. 오래전부터 여기 있었던 듯한 표정으로 사람들 사이에 녹아들었다. 몸이 C 자로 굽지 않았고 쉬지 않고 걸어 다니지도 않았다. 가즈에 씨는 그저 침착하게 밥을 먹었다.

'할머니'를 찾는 할머니

"잠까안."

"잠까안."

"오세요."

"오세요."

아까부터 목소리가 들려왔다. 93세인 할머니가 내는 소리
였다. 새벽 두 시가 넘어 초목도 잠든다는 시간이었다.

일정한 리듬으로 반복되는 "오세요."에는 독특한 억양이 있
었다. '세'를 말할 때 힘이 들어갔다.

자기에게 오라는 말이었다. 나는 할머니에게 가야 했지만,
할머니의 반응부터 예견해보았다.

아마 내가 가면 할머니는 "가세요."라고 말할 것이다. 저리

가라는 뜻이다.

즉, 할머니는 "오세요."라며 불러놓고는 내 얼굴을 보자마자 "(저리로) 가세요."라며 쫓아낸다는 말이다.

지금까지 했던 경험으로 그리될 것이라고 알고 있었다. 알고 있지만, 오늘 밤에는 그러지 않을 수도 있었다. 그래서 할머니에게 가볼 수밖에 없었다.

위험한 음색

"무슨 일 있으세요?"

희미하게 빛나는 작은 전등을 비추며 할머니의 얼굴을 들여다보았다. 눈동자에서 부드럽고 기품 있는 빛이 났다.

할머니는 아무 말 없이 가만히 내 얼굴을 보았다. 나는 그 침묵을 견뎠다.

(이놈은, 누구야.)

목소리는 전혀 내지 않았지만, 강한 경계심이 할머니에게서 흘러나왔다.

"뭔 일이여?" 나는 할머니가 풍기는 불신감을 없애기 위해서 오래 아는 사이인 듯이 말을 걸었다.

"가세요!"

아니나 다를까 할머니는 나를 거절했다. 예상한 대로 전개
된 것이다. 나 원 참, 나는 당직실에 돌아가 좀 쉬려고 누웠다.

"잠까안."

"잠까안."

"오세요."

"오세요."

또 시작되었다. 어떡해야 하나. 저 목소리에 낚여서 상태를
보러 가면 다시 "가세요!"라며 쫓아낼 게 분명했다. 가야 할
까, 가지 말아야 할까. 구석에 숨어서 고민했다. 다시, 마음을
굳게 먹고 가보았다.

"무슨 일이"까지만 말했는데, "가세요!"라고 득달같이 쫓아
내는 할머니.

힘없이 그대로 물러났는데, 사실 내 마음은 꺾이기 직전이
었다. 아니, 꺾이는 건 그나마 낫다. 이성이 끊어질 듯 말 듯한
심경이었다.

'어지간히 좀 하지.'

'쫓아낼 거면 부르지 말라고.'

'사람을 갖고 노는 것도 정도가 있지.'

소리 낼 수 없는 말들을 배 속으로 꾹 삼켰지만, 말들은 소화되지 않고 나를 괴롭혔다. 그런 밤에 필요한 것은 올바른 돌봄 윤리와 대인지원기술이 아니었다. 귀신이 되어버릴 듯한 원한을 가라앉힐 수 있는 방법이 필요했다.

할머니가 계속 부르면서도 쫓아내는 이유를 나는 이해하고 있었다.

할머니는 내게 용건이 없다. 그저 그뿐이었다. 나를 부른 게 아닌데 내가 나타나니까 '네가 아냐. 저리 가.'라고 한 것이다. 아쉽게도 할머니가 부르는 사람은 지금 여기에 없었다.

나밖에 없으니까 내가 갔다. 할머니의 입장에서는 '또 너냐.'라고 하는 것도 당연하다. 어지간히 좀 하라는 심정은 할머니도 나도 똑같았던 것이다.

돌봄 현장에서는 이런 일이 일상다반사다. 이런 일에 짜증을 내면 제대로 일할 수 없다. 그런 걸 알면서도 마음이 흐트러지는 이유는 '목소리' 때문이다. 할머니의 목소리에 깃든 음색이 너무나 위험했다. 실로 '끈적끈적'했던 것이다. 마치 참마 같은 찰기. 찹쌀떡 못지않게 쭉쭉 늘어날 듯했다. 정전기 때문에 스웨터에 달라붙은 머리카락처럼 귀에서 떨어지지 않았다.

게다가 할머니의 지구력은 혀를 내두를 만큼 대단했다. 끈기 있는 음색에 정력이 흘러 넘쳤다. 그 '목소리'에 사로잡히면 벗어날 수 없었다.

할머니의 '킬러 보이스'는 하나 더 있었다.

"하알마아아아."였다.

아무래도 '할머니'를 부르는 모양이었다. "오세요."도 부르는 대상은 '할머니'인 모양이었다. 할머니가 '할머니'를 부르는 것은 이해할 수 없는 광경이었지만, 그 역시 타임 슬립이 원인이었다. 할머니는 어린아이가 되어 자신의 조모를 찾는 듯했다. 마음은 어린아이였지만 잔뜩 쉰 노인의 목소리까지 바뀌지는 않았다.

"하알마아아아."

실을 잡아끄는 듯한 어미의 "아아"가 귀에 들어왔다. 그 "아아"에 마음이 담겨 있었다. "할머니, 어디야?"라며 필사적으로 조모를 찾아 헤매는 어린아이의 마음이.

마음이 어지러운 야근을 마치면 나는 집으로 차를 운전하며 CD를 틀었다. 그런데 음악 사이사이로 "아아"가 들렸다.

그 목소리는 한동안 나를 따라왔다.

목소리의 파동

애초에 목소리란 위험한 것이다. 육체와 달리 언제까지나 쫓아오기 때문이다. 목소리의 폭력성은 돌보는 사람의 정신을 갉아먹는다.

손으로 때리고, 발로 걸어차는 폭력은 멀찌감치 떨어지면 얼마든지 피할 수 있다. 어딘가에 숨으면 상대방의 모습도 시야에서 없앨 수 있다.

그렇지만 '목소리'는 그렇게 할 수 없다. 떨어져도 숨어도, 나를 포착해서 따라온다.

잊을 수 없는 '목소리'를 들은 적이 있다.

"그아아아아아아." 하는, 배 속 깊은 곳에서 솟아나는 절규였다.

절규의 주인은 60대 중반의 여성.

만나고 10년이 지났을 무렵, 그 여성에게 변화가 나타났다. 점점 앉을 수 없게 되었다. 다가오는 사람에게 "썩을!"이라고 내뱉었다.

야쿠자 영화를 보면 "이 썩을 악당!"이라고 호통을 치는 장면이 자주 등장한다. 아마도 그런 장면의 "썩을"을 말하는 것 같았다. 그 여성의 눈빛, 뱉어버리는 듯한 말투에서 그리 추측할 수 있었다. 평소 모습에서는 도저히 상상할 수 없는 언행이었다.

'이상'이 발생하는 듯했다. 정신이 이상해진 것이 아니라 서로 맞물려 돌아가는 톱니바퀴들의 작은 '어긋남'이 시곗바늘에 이상을 일으키는 기계적인 오작동 같았다.

뇌는 그런 오작동을 필사적으로 보정하는 듯했다. 하지만 아무리 노력해도 정보를 잘 처리할 수 없어서 과부하에 걸린 느낌이었다.

그 여성의 오작동에는 목소리와 소리가 깊이 관련되어 있었다. 귀가 모든 소리를 주워 담았던 것이다. 머릿속이 온갖 소리로 가득 차 있는 모양이었다. 그는 자신에게 날아드는 소리 하나하나를 음미하듯이 귀를 기울였다.

특히 그를 괴롭힌 소리는 바로 사람의 목소리였다. 어르신이나 직원의 대화가 문맥을 잃고 들려오는 모양이었다. 뇌 내에서 의미 불명의 문장이 단어로 나뉘어 흘러넘치는 것처럼 보였다. 의미도 없는 말들과 일상에 있는 소리가 홍수처럼 귀에 밀려들었다. 그 여성의 뇌는 소용돌이에 빠져 허우적대는 듯했다.

우리는 침묵으로 대응했다. 그를 지키기 위해 가능한 목소리와 소리를 멀리하게 했다. 그러자 그 자신이 목소리를 들으러 가려 했다. 고개를 기울이고 아주 작은 소리라도 놓치지 않으려 했다. 그는 음파 탐지기처럼 소리를 내는 대상을 찾았다.

바로 옆에 사람이 있지만 아무 목소리도 나지 않는다. 그런 분위기는 꺼림칙하고 무섭게 마련이다. 가까이에 사람들이 모이는 기척이 있는데 조용하기만 하다. 그런 부자연스러움은 시기심과 의심을 심해지게 한다. 그는 정체를 알 수 없는 소외감에서 벗어나기 위해 소리를 내는 대상을 찾는 데 매달렸다. 이러지도 저러지도 못하면서 슬픔은 절규로 바뀌었다.

목소리와 소리가 들리면 혼란에 빠지고, 그것들이 없으면 불안해지는 모순이 그를 옭아맸다. 우리는 그가 내는 절규에 사로잡혔다.

비명이라고 할 만한 소리에 20대 직원이 견디지 못하게 되었다. 눈물이 멈추지 않았고, 일도 제대로 하지 못했다. 그 직원의 귀에 목소리가 붙어버린 것이다. 목소리에서 벗어나도록 집에 돌려보냈다.

가족, 주치의, 우리가 논의를 거듭해서 최종적으로 병원에서 치료를 받기로 했다. 우리는 그 일에 완전히 무력했다. 그의 증상은 돌봄으로 대응할 수 있는 게 아니라고 생각했다.

정신과 입원에 반감이 있었던 가족도 우리의 당직에 함께 하여 어머님이 겪는 고통을 완화하기 위해 치료가 필요하다고 느끼는 시간을 가졌다. 어머니의 절규와 식사조차 어려워지고 있는 상황이 입원을 마음먹게 했다.

입원 당일, 그에게 작은 주먹밥을 만들어주었다. 만들기는 했지만 먹지 못할 것이라고 짐작했다.

실은 먹기를 바라지 않았다. 주먹밥을 먹지 못하면 '역시 입원은 옳은 결정이었다.'라고 생각할 수 있으니까. 그처럼 제멋대로인 생각을 품은 채 주먹밥을 담은 그릇을 내밀었다.

그의 눈은 대상물을 포착하지 못할 만큼 초점을 잃었는데, 스윽 손을 내밀더니 주먹밥을 잡았다. 한 번에 먹을 수 있는 크기인데 굳이 세 번에 걸쳐서 작게 벌린 입으로 먹었다.

"와, 맛있어."

최근 몇 주 동안 곁에 있는 것조차 불가능할 만큼 강한 혼란 속에 빠져 있었다. 배변 보조는커녕 화장실로 데려갈 수도 없었기 때문에 장소를 가리지 않고 배설하는 그의 뒤에서 슬며시 패드를 대는 것밖에 할 수 없었다. 그럼에도 그는 예민해진 감각으로 기척을 눈치채면 반사적으로 절규했다.

눈치채지 못하게 조용히 패드를 둘 수 있으면 내 승리. 이런 식으로 게임처럼 여기면서 억지로 '여유'를 만들었다. 슬픔의 파동과 공진하지 않기 위해 저항한 것이다.

그런 상태였기 때문에 다른 어르신들과 함께 지낼 수는 없었다. 입원할 때까지 다른 건물로 거처를 옮기고 나와 베테랑 직원 두 사람이 전담해서 돌봤다.

그럼에도 불구하고 그날 아침 그는 거짓말처럼 평온했다. 조심스럽게 먹는 동작, 맛있다고 말하는 귀여운 모습은 내가 알던 평소의 그 여성이었다. 오랜만에 다시 재회한 듯했다.

하필이면.

하필이면 입원 당일이었다. 이토록 컨디션이 좋은 그와 만나니 굳게 먹었던 마음이 흔들렸다. 혹시 오늘부터 갑자기 거짓말처럼 증상이 좋아지는 것 아닐까. 그와 같은 환상을 믿어버리려 하는 내가 고개를 내밀었다.

떨떠름한 채 입원 준비를 하고 차를 운전해 병원에 갔다.

그 여성의 목소리에 있는 슬픔의 파동에는 듣는 이와 강하게 공진하는 힘이 있었다. 그와 같은 자리에 있으면서 공진하지 않으려고 애쓰는 것만으로도 힘에 부쳤다.

신입의 당직 보고

신입 직원이 처음 당직을 서는 밤. 내 근심거리는 "오세요."라고 부르는 할머니였다. 만약에 할머니가 잠을 안 자고 끊임없이 "오세요." "하알마아아아."라고 하면 어떻게 될까. 신입은 어떻게 대응할까. 걱정되기도 했고, 기대되기도 했다.

이튿날 흥미진진하게 아침 회의에 참가했다. 초췌해진 신입 직원. 내 착각인지 눈꺼풀이 퉁퉁 부은 듯했다. 그는 첫 야근을 보고하기 시작했다.

"할머니가 '오세요, 오세요.'라고 몇 번이나 부르셨는데, 막상 가보면 '가세요.'라면서 손으로 쫓아내는 동작을 하셨습니다."

역시나.

"할머니가 무엇을 원하시는지 알 수 없었습니다."

나도 잘 모르니까.

"그러다 '하알마아아아.'라고 외치기 시작하셨습니다. 어쩌면 좋을지 몰랐지만 할머니 곁에 있었습니다."

흠, 흠.

"등이 아픈 건가 싶어서 척추를 문질러봤습니다."

할머니는 척추가 S 자처럼 휘어 있다. 섬에서 나고 자란 할머니는 해산물을 나르는 일을 했다고 한다. 그런 중노동 때문에 등이 굽었다고 들었다. 가족에게 그 이야기를 하니 "어머니는 그런 일을 하지 않으셨는데요."라고 했지만.

"등의 통증은 아닌 것 같은데 목소리는 멈추지 않았습니다. 혹시 소변인가 싶어서 '소변 마려우세요?'라고 물어보았습니다."

신입의 대응은 실로 모범적이었다. 노혼이 있는 어르신은 뭔가 원할 때 지나치게 축약하거나 이리저리 에둘러서 표현하는 경우가 많다. 때로는 은유적인 시 같을 때도 있다. 그래서 어르신을 돌볼 때는 누락된 말을 채워넣고 맥락에서 벗어난 말을 지우는 등의 작업을 하면서 들어야 한다. "하알마아아아."와 '소변'이 관련 있지 않을까 생각하다니 신입은 감이 좋았다.

"할머니가 '맞아.'라고 말씀하셨습니다. 소변이었구나 생각하면서 둘이서 간신히 화장실로 갔습니다."

할머니는 전에 뇌경색을 겪어서 화장실에 가려면 일단 휠체어에 태워야 한다. 그런 수고를 마다하지 않는 신입의 태도가 훌륭하다고 생각했다. 돌봄 노동자 중에는 "기저귀를 하고 있으니까 거기에 볼일 보세요."라는 사람도 있다. 하지만 정말로 소변 때문이었을까. 좋지 않은 예감이 들었다.

"힘들게 변기에 앉혔습니다. 그런데 '여기가 아냐!'라면서 화내셨습니다."

그럼 그렇지.

"할머니에게 혼나고 서둘러서 침대로 다시 데려갔습니다. 할머니는 누우시자마자 '오줌!'이라고 말씀하셨습니다."

더더욱 좋지 않은 예감이 들었다.

"아, 뭐지. 그렇게 생각했지만 다시 한 번 화장실로 갔습니다."

역시 신입. 훌륭해.

"변기에 앉혔는데, '아냐, 이런 데로 데려온 거냐!'라고 또 혼났습니다."

그렇지, 그렇지. 신입 직원의 보고를 듣는 선배들은 킥킥 웃음소리를 흘리기 시작했다.

"그런 일이 아침까지 이어졌습니다."

참으로 고생했다. 그럼에도 신입은 훌륭히 하룻밤을 함께 했다. 나는 그처럼 하지 못한다. 신입이라서 가능한 허심탄회한 태도인지도 모른다.

"새벽녘에 저도 모르게 말했습니다. '그러니까 집에 계시지 못하는 거예요.'라고 했습니다."

이성의 끈을 놓쳤구나. 소변이 아닌데도 계속해서 화장실로 끌고 가는 지옥에서 견딜 수 있는 사람은 결코 많지 않다. 아무리 단단히 각오한 전문가라고 해도 육체의 한계를 넘어서면 제어 불가능한 '나'와 만나게 된다.

"감정적으로 쏘아붙였다는 것 때문에, 눈물이 났습니다. 이래서는 제대로 일할 수 없다고요. 저는 돌봄에 맞지 않는다는 생각이 드니까 눈물이 멈추지 않았습니다."

설마 그만둔다고 하지는 않겠지. 나는 갑자기 마음이 급해졌다. 빨리 기운을 북돋워야 하는데.

"할머니 옆에 있을 수 없어서 좀 떨어져 있었습니다."

그랬구나.

"빨리 출근하시는 선배가 오기 전에 어떻게든 해야 한다고 생각했습니다. 할머니에게 사과했습니다. '방금 전에는 죄송했어요. 마음에도 없는 소리를 했습니다.'라고요."

아냐, 아냐, 마음에도 없는 소리라니. 사실을 말했을 뿐인데. 때로 사실은 사람을 상처 입히기도 한다.

여기부터였다. 이야기는 생각지 못한 방향으로 흘러갔다.

나도 모르는 '나'

"할머니께 사과드리는데, 또 눈물이 났습니다. 울면서 사과하는 저를 보고 할머니가 말씀하셨습니다. '너, 무슨 일이 있었구나.'라고요."

할머니는 신입의 '빈정거림'을 기억하지 못했다.

"저는 '할머니께 심한 말을 했어요.'라고 했습니다. 그랬는데 '네가 심한 말을 할 리가 있나. 너는 그런 사람이 아냐.'라고 위로까지 받고 말았습니다."

저런.

"게다가 '네 덕분에 내가 살 수 있는 게다.'라고도 하셨습니다."

이럴 수가. 할머니가 무척 성격 좋은 사람이 되지 않았는가. 할머니는 "오세요." "가세요." "하알마아아아."를 쉬지 않았고, 신입을 무한 화장실 지옥으로 끌어들였다. 겨우 하룻밤 사이에 자칫하면 일을 그만두게 만들 뻔했는데, 신입의 눈물을 보자마자 정신을 차린 것이었다.

더 나아가 신입을 격려하기도 했다.

"내가 너와 싸움을 할 리가 있나. 너와 나는 40년 인연이지 않니."라고 할머니가 말했다고 한다.

태어난 지 22년밖에 안 된 신입과 40년 인연이라고 자신 있게 말하는 할머니.

신입은 용서받은 것이었다. 애초에 용서받아야 하는 행위를 하지도 않았지만.

할머니가 용서하는 방식은 독특했다. 인격이나 인품과는 관계가 없었다. 도덕적이지 않았고, 윤리적이지도 않았다. 신앙에 기대지도 않았다.

잊었다, 혹은 기억하지 않는다는 용서.

할머니는 용서하지 않았다. 어쩌다 용서하고 만 것이다. 신입은 용서를 받지 않았다. 어쩌다 용서를 받고 만 것이다. 그 용서에서는 누구의 의지도 느껴지지 않았다.

"저는 이 일이 천직이라고 생각하며 취직했습니다. 친구들도 그렇다고 말해주었고요. 부모님은 줄곧 제가 '상냥한 아이'라고 했어요."

상냥함을 무기로 돌봄을 할 셈이었던 모양이다. 나는 '상냥함'이라는 말에 경계심이 있다. '사랑' '배려' '선의' 등 비판하기 어려운 말에 기초해 돌봄을 하는 것은 대단히 위험하다고 생각한다.

살아 있는 육체가 한계를 넘어섰을 때, 돌보는 사람은 이상적인 말이 지닌 중압감으로 스스로를 벌해버린다. 이처럼 진심으로 성실하게 일하는 신입이 그만두는 것은 우리에게도 큰 타격이 된다.

신입이 그만두어야 한다고 생각한 이유는 '상냥함'으로 돌보려 했기 때문이다. 그는 자기 속에 상냥하지 않은 '나'가 존재한다는 것을 깨달았다. 내 속에 그때껏 만난 적 없는 '나'가 존재했던 것이다. 할머니가 그 '나'를 가차 없이 끄집어냈다.

"저는 제가 상냥하지 않다는 것을 알았습니다."

오오. 선배 직원들이 목소리를 높였다.

상냥함이란 무르기 그지없어서 상황에 따라 간단히 무너지고 만다. 신입 직원은 육체에 한계가 있다는 것을 배웠다. 그다음에 배울 것은 한계를 다루는 법이다.

이럴 때 필요한 것은 인격과 인품에 기초한 돌봄이 아니라 한계를 피하는 기술이다. 아니면 한계를 맞이하지 않고 그냥 지나칠 수 있는 '여유'. 그러기 위해서는 개인이 혼자 노력하는 게 아니라 집단이 함께 움직일 필요가 있다.

"제가 느긋한 사람인 줄 알았는데, 그렇지 않다는 걸 알았습니다."

아냐, 아냐. 내 생각에는 충분히 느긋해. 아침까지 할머니를 상대했으니까.

"저는 이 일을 하면 안 된다고 생각했습니다. 그런데 할머니가 위로해줬습니다. 그래서 조금 더 노력해도 괜찮지 않을까 싶었어요."

신입이 그만두지 않을까 식은땀을 흘리며 이야기를 들었다.

돌봄의 묘미는 하나의 행위를 두 사람이 함께 하는 과정에서 그때까지 몰랐던 '나'가 등장하는 것이라고 생각한다. 어르신에게도 같은 일이 일어나는데, 그 결과 서로 예상하지 못했던 곳으로 나아가게 된다.

어르신과 마주할 때마다 두 사람의 '나'가 나타난다. 그렇게 나타나는 '나'란 어찌나 다양한지, 당황하기도, 침울하기도, 기뻐하기도 한다.

그나저나 참으로 흥미로운 밤이었다.

- "오세요."와 "가세요."를 반복하는 '나'.

- 무슨 영문인지 몰라도 옆에 있는 '나'.

- "하알마아아아."를 반복하는 '나'.

- 화장실로 유도하는 '나'.

- 무한 화장실 지옥에 빠지는 두 명의 '나'.

- 육체의 한계에 직면한 '나'.

- 그간의 상냥한 '나'가 붕괴하는 '나'.

- 비아냥거리는 '나'의 등장에 당황하고 좌절하는 '나'.

- 퇴사가 뇌리에 스치는 '나'.

- 눈물을 흘리는 '나'.

- 스스로를 혐오하고 사죄하는 '나'.

- 나도 모르게 용서하고 마는 '나'.

- 어쩌다 보니 용서를 받아버린 '나'.

- 감사하고 격려하는 '나'.

- 다시 힘내리라 마음먹는 '나'.

할머니의 '나'와 신입 직원의 '나'가 관계를 맺으며 차례차례 다양한 주체가 나타났다. 두 명의 '나'는 무한 화장실 지옥을 접점으로 수많은 '나'를 등장시켰고 서로 얽혔다. 겨우 하룻밤 사이에.

내 경우에는

신입 직원의 보고를 듣다 보니 나도 겪었던 잊지 못할 "하알마아아아."의 밤이 떠올랐다.

여느 때처럼 "오세요."가 시작되었다. 나는 가지 않았다. 그러자 금방 "하알마아아아."가 시작되었다.

"하알마아아아."를 들으면서도 바로 할머니에게 가지는 않았다. 할머니의 목소리에 한시를 다투는 급박함이 있는지 없는지 살폈다.

대변은 아주 시원하게 봤다. 소변도 화장실을 아까 다녀왔다. 식사도 전부 먹었다. 자기 전에 따뜻한 우유를 마셨다. 발밑에는 보온물통도 두었다.

매우 안정적인 "하알마아아아."였다. 똑같은 "하알마아아아."처럼 들려도 전부 음색이 다르다. 급한 일 같지는 않았다.

한동안 듣고 있는데 "하알마아아아."에서 슬픔이 느껴지기 시작했다. 할머니를 찾던 처음의 톤에서 불러도 오지 않는 것에 대한 초조함이 느껴지다 이윽고 슬픔의 톤으로 변했다. 그 목소리에는 나도 두 손을 들었다. 슬퍼하는 사람의 목소리는 귀에 진하게 남는다. 돌보는 사람으로서 나서야 할 타이밍이었다.

나는 미닫이문을 살짝 열고 할머니의 상태를 살폈다. 방 안이 어둑어둑해서 표정까지 읽어낼 수는 없었다. 눈에 힘을 주고 집중하여 보니 할머니는 열심히 코딱지를 파내고 있었다. 그 동작에서 여유가 느껴지기에 나는 좀더 상태를 두고 보기로 했다. 조용히 문을 닫고 소파에 편히 앉아 귀만 옆방에 주의를 기울였다.

코딱지를 다 팠는지 구슬픈 "하알마아아아."가 들리기 시작했다. 평소보다 몇 배는 더 끈적거리는 목소리였다. 저 분위기를 보면 굳이 할머니가 아니어도 괜찮지 않을까. 애타게 찾는 할머니가 아니라도 체온이 있는 사람이라면 받아들여 줄 것 같았다.

나는 할머니의 곁에 앉아 "괜찮아요?"라고 말을 걸었다.

"가세요!"

인정사정없는 할머니의 즉답에 재빨리 철수하는 나.

"하알마아아아."

그 목소리가 들릴 때마다 갈등했다. 갈까, 가지 말까. 구슬픈 목소리에 사로잡힌 나는 문을 열고 한 걸음 방으로 들어갔다.

방에 들어간 순간, 할머니와 눈이 마주쳤다. 방금 전까지 물씬 풍겼던 애수는 사라지고 분노로 가득한 "하알마아아아."로 할머니는 나를 맞이했다.

"하알마아아아."

이건 내 목소리였다.

할머니의 "하알마아아아."에 대해 나도 "하알마아아아."로 응답한 것이었다. 그 행동에 나 자신이 깜짝 놀랐다. 어째서 인지 반사적으로 그렇게 해버렸다.

그러자 할머니는 '앗.' 하는 듯한 표정을 지었다. 방 안은 어둑어둑했지만 할머니의 머리 위에 '앗.' 하는 말풍선이 떠 있는 게 보였다. 만화에 자주 등장하는 그 '앗.'이 똑똑히 보였다.

그 직후 할머니가 무언가 살피는 뜻한 낌새가 느껴졌다. 나는 조용히 문을 닫고 다시 소파에 편히 앉았다.

그때부터 내게 커다란 변화가 일어났다.

약간 지긋지긋하고 대응하기 어려웠던 할머니의 목소리를 적극적으로 받아들이기 시작한 것이다.

할머니의 "하알마아아아."가 감쪽같이 자취를 감추었기 때문이다. 전혀 예상치 못한 일이었다. 그리고 할머니의 방에서 내 쪽을 살피는 낌새가 느껴졌다. 나와 할머니는 잠수함의 승무원처럼 초음파를 발신하여 서로의 존재를 파악하는 데 신경을 집중했다.

시계를 봤다. 할머니가 조용해지고 벌써 30분이 지났다. 그토록 꺼렸던 할머니의 "하알마아아아."를 나는 '아직인가. 아직 멀었나.' 하며 기다렸다. 태도가 180도 달라진 것이다.

40분 후에 "하알마아아아."가 다시 시작되었다. 나는 기다렸다는 듯이 미닫이문을 열고 응답했다. "하알마아아아."

이번에는 확신을 갖고 응답한 것이었다. 예상치 않게 찾아왔던 아까 전의 고요를 재현할 수 있지 않을까 기대했다. 할머니의 "하알마아아아."를 진정시킬 방법을 찾은 것 같아서 마음이 두근거렸다.

할머니는 이번에도 '앗.' 하고 멈칫했다. 뱀이 고개를 쳐들듯이 위로 올라왔던 얼굴이 평소와 달리 얌전한 표정을 지으며 이불 속으로 사라졌다.

15분 경과.

30분 경과.

40분 경과.

앞선 기록을 넘어섰다.

50분 경과.

내 마음은 계속 두근거렸다.

그리고 60분을 넘어서려 하던 때, "하알마아아아."가 들려왔다. 무려 한 시간, 할머니는 침묵했다.

이건, 가능하겠어.

나는 우쭐해졌다.

재현할 수 없는 일

나는 세 번째 실험을 해보고 싶었다. 끈적끈적한 목소리에서 조금이라도 벗어날 수 있는 방법이 손에 들어오려고 하는 참이었다.

"하알마아아아."

나는 할머니의 목소리와 더욱 비슷하게 소리 냈다. 수없이 들어왔던 목소리. 같은 말에도 여러 정감을 담아내는 목소리. 내 "하알마아아아."에는 숨길 수 없는 감정이 담겼을 것이다. 할머니를 흉내 냈지만, 틀림없이 나의 "하알마아아아."였다. 보잘것없는 희망으로 가득한 경박함이 깃들어 있지 않았을까. 이러면 할머니는 몇 분 동안 침묵할까.

내 앞에는 예상치 못한 일이 기다리고 있었다.

할머니는 내 "하알마아아아."를 기다렸다는 듯이 다음처럼 쏘아붙였다.

"여기에 할머니는 없어! 멍청아!"

카운터펀치를 맞았다. 나는 작게 "죄송합니다."라는 말을 남기고 도망치듯이 돌아갔다. 할머니는 화가 나서 "하알마아아아."를 연호하겠지. 수습할 수 없을 거야. 나는 그렇게 각오했다.

그렇지만 거짓말처럼 다시 조용해졌다. 벽에 청진기를 대 보는 심정으로 옆방에서 기척을 살폈다.

"후우, 하아."

"쌔액, 쌔액."

이럴 수가. 잠을 자고 있는 게 아닌가. 뜻밖의 성공이긴 했지만, 할머니는 그대로 아침까지 잘 잤다.

이 일을 어떻게 평가해야 할까. 아침 회의에서 어떻게 이야기해야 할까. 직원들에게 내 즉흥적인 대응을 알려도 괜찮을까.

일단 할머니의 심정을 상상해보았다. "하알마아아아."는 다른 누구도 아닌 '나'의 목소리다. 하지만 또 다른 사람의 "하알마아아아."가 등장했다.

당황할 수밖에 없을 것이다. '나' 말고도 '나'와 비슷한 처지인 사람이 있다니. 하지만 그건 '나'와 무척 닮은 '메아리' 같은 타인이다. 저건 누구지? '앗.' 하며 목소리의 주인을 살핀다. 그렇게 침묵의 시간이 만들어졌을 것이다.

기억을 하는지 잊었는지 알 수 없지만, 할머니는 다시 "하알마아아아."를 시작한다. 그런데 또다시 "하알마아아아."가 들려온다. 이번에도 '앗.' 하고 멈칫한다.

대체 저건 누구지? 두 번째 침묵. 할머니 나름대로 이런저런 추측을 하지 않았을까. 마치 도플갱어처럼 나타나는 또 한 사람의 '나'가 바로 가까이에 있다. 정말로 섬뜩한 상황일 것이다.

할머니의 인상에 무척 강하게 남았던 모양이다. 수상한 "하알마아아아."의 대응책까지 마련했을 정도니까.

"여기에 할머니는 없어! 멍청아!"가 바로 그 대응책이었다.

나와 할머니의 입장이 뒤바뀌었다. 존재하지 않는 '할머니'를 찾던 할머니가 존재하지 않는 '할머니'를 찾는 나를 깨우쳐주었다. 할머니는 '여기에 할머니가 없다'고 스스로 깨달은 것이다.

이런 일도 일어나는구나.

문제는 나의 대응을 직원들과 공유해도 괜찮으냐는 것이었다. "무라세 씨, 그거 좋은데요. 저도 당직 때 메아리 작전을 써야겠어요."라고 직원들이 받아들여도 상관없을까.

그에 대한 내 답은 '아니오.'다. 교과서에 실릴 리 없는, 아니, 실려서는 안 되는 대응이기 때문이다. 일반화되어서 집단적으로 재현하는 것이 목적이 되어서는 안 된다.

그렇다면 혼자 비밀로 간직한 채 없었던 일로 하면 될까. 그러는 건 함께 일하는 동료들에게 도의적으로 잘못된 일 아닐까. 윤리적으로도 바람직하지 않은 듯했다. 나는 당황했다. 그리고 고민했다.

이 일의 핵심은 의도치 않게 일어났다는 점이다.

내게는 "하알마아아아."를 따라 하려는 속셈이 없었다. 용의주도하게 계획하고 준비했던 것도 아니다. 하물며 할머니를 놀리려 흉내 낸 것도 아니다.

아무튼 필사적이었다. 할머니의 끈적끈적한 목소리에 빠져 허우적거리다 돌보는 사람의 윤리관을 잃어버릴 것 같아 무서웠다.

즉, 할머니를 완전히 무시하거나 격리하거나 최악의 경우 구타해버리는 등 방치와 학대로 돌보는 사람이 폭주할 위험성은 언제나 있다는 말이다. 그렇게 되면 모두에게 불행한 결말을 맞이할 뿐이다.

엉겁결에 할머니를 흉내 낸 것이 적절했는지 아닌지 생각해볼 필요가 있었다. 하지만 폭언을 퍼붓거나 때리거나 격리하는 등으로 치닫지 않은 것과 할머니의 일시적인 불면과 끝없는 부름을 이유로 약 처방에 의존해 안이하게 대응하지 않은 것은 그래도 높이 평가할 만한 가치가 있다고 생각했다.

왜 할머니를 흉내 냈는지도 생각해보았다. 밤중에 아기가 우는 이유를 모르고 어쩔 방법도 없어서 함께 울어버리는 엄마의 심경과 가까운 것 같기도 했다. 존재하지 않는 할머니를 두 명의 '나'가 되어 함께 찾은 면도 있다. 그리고 솔직히 말하면 원래부터 내게는 타인의 언행을 따라 하길 좋아하는 욕망이 있다.

다만, 두 번째 "하알마아아아."는 노골적으로 다시 한 번 요행을 바라고 한 것이었다. 세 번째는 완전히 의도한 것인데, 실로 약아빠진 대응이었다. 할머니를 내 제어 아래에 두려고 권모술수를 부린 것이다. 그야말로 할머니를 바보 취급한 것이다. 직원들과 공유해서는 안 되는 것은 두 번째 "하알마아아아."부터 내가 취한 무례한 태도였다.

그렇지만 할머니의 예상치 못한 대응이 너무 재미있어 참을 수 없었다. 나와 할머니가 서로 속이듯이 주고받은 약동감 넘치는 임기응변을 들려주고 싶었다.

아침 회의에서 해야 하는 것은 그 일을 겪은 느낌과 생각을 솔직하게 말하는 것이 아닐까.

터부를 건드리다

그나저나 신입의 보고는 그야말로 훌륭했다.

할머니에게 휘둘린 끝에 한때 일을 그만둘까도 고민했던 첫 당직. 잘 풀리지 않은 일을 우직할 만큼 솔직히 보고하는 자세에는 절로 고개가 숙여졌다.

사람은 보통 '잘 풀린 일'을 이야기하고 싶게 마련이다. 자신이 바람직하다 여기는 모습에서 점점 멀어지고 무너져가는 모습을 신입은 성실히 솔직하게 이야기했다.

선배 직원들은 그 이야기에 귀를 기울였다. 대부분 직원은 자신의 경험을 떠올리며 신입의 이야기를 들었을 것이다. 나역시 그런 선배 중 한 사람이었다.

신입 직원이 들려주는 이야기는 더 이상 남 일이 아니었다. 신입의 '나'와 직원 한 사람 한 사람에게 있는 '나'가 살아 있는 몸의 생생한 체감을 매개로 하나가 되었다.

그런 점에서 아침 회의 시간의 보고는 무척 중요하다.

어느 날의 아침.

"할머님이 거의 한숨도 주무시지 않았어요. 오늘은 낮에 졸리다고 하실지도 모르겠어요."

한 직원이 대수롭지 않다는 듯이 보고했다. 할머니의 수면 상황은 잘 이해했다. 하지만 나는 듣고 싶은 것이 더 있었다. 표정 하나 바꾸지 않고 잠을 자지 못한 할머니를 걱정하는 그가 걱정되었던 것이다.

"잘 드셨습니다."

"별로 마시지 않으셨습니다."

"오전 2시쯤 대변이 나왔습니다."

"새벽 4시에 눈을 떴고, 거실 소파에서 좀더 주무셨습니다."

"배뇨량은 적었습니다. 수분 섭취에 주의해주세요."

생리 상황을 보고하는 것은 무척 중요한 일이다. 하지만 그것만으로 이뤄지는 보고에서는 뭔가 부족한 느낌이 든다.

"한숨도 주무시지 않았다니, 계속 깨어 계셨어? 할머니가…." 그에게 물어보았다.

"아뇨, 잠드실 것 같아서 이불 속에 눕게 했는데 조금 있다가 나오셨어요. 몇 분 있다 나오시기도 하고, 30분 정도 누워 계시기도 하고. 배가 고프신 건가 해서 주먹밥을 만들어 드리기도 했는데 주무시지 못했습니다."

역시 잠들 수 있도록 이런저런 시도를 했었다. 하지만 성과가 없었던 모양이다.

"몇 번이나 이불에서 나오셨어?"

"몇 번이더라. 여덟 번은 훌쩍 넘었던 것 같네요. 정확히는 기억나지 않아요."

어르신이 잘 주무시는 것은 우리의 작은 바람이다. '당사자를 위해서' 그렇지만, '당직자를 위해서' 그렇기도 하다.

서서히 아침을 맞이하듯이 활동하기 시작해서 커다랗게 노래를 부르거나 다른 방에 들어가려 하는 어르신이 한 사람 있으면 마음의 평화가 사라진다.

잠자지 않는 어르신으로부터 촉발해서 한 사람, 두 사람 깨기 시작하면 순식간에 손쓸 방법이 없어진다. 그러면 여유를 잃게 될 자신의 모습이 머릿속에 떠오르게 마련이다.

그도 지난밤 비슷한 심경이지 않았을까 짐작했다. 그는 자신의 마음속에 있는 초조, 불안, 동요, 짜증 등에 어떻게 대응했을까.

"아이고, 여덟 번 넘게 일어나셨다니 큰일이었겠네. 그래서 몇 번째 일어나셨을 때 할머니를 때리고 싶었어?"

과격한 질문이지만, 어디까지나 의도적으로 물어본 것이었다. 그가 감정 표현이 서투른 사람인지, 아니면 감정을 겉으로 드러내면 안 된다고 믿는 사람인지. 슬쩍 속내를 떠보았다.

"그러게요. 여섯 번째 정도였을까요."

그는 진지하게 답했다. 사실 여기서는 답할 게 아니라 웃어야 한다.

"그렇군. 나 같았으면 네 번째에 때리고 싶었을 거야." 나는 굴하지 않고 한 번 더 흔들어보았다.

그는 그제야 웃었다. 다른 직원들도 따라서 웃었다.

당신은 여섯 번째에 때리고 싶었고 나는 네 번째 때리고 싶을 테니 조율해서 다섯 번째에 때리는 걸로 하자. 이런 합의를 한 것이 아니다.

돌봄 종사자에게는 직업윤리상 입에 담아서는 안 되는 말이 있다. 그런 말을 터부로 삼아서 제대로 해소하지 않고 어둠 속에 매장하는 것은 무척 위험하다고 느낄 때가 있다. '나'로서는 제어할 수 없는 감정이 있다는 것, 이념과 윤리로는 뛰어넘을 수 없는 한계가 살아 있는 인간에게 있다는 것. 그런 것들을 함께 일하는 동료들과 집단적으로 이해해두고 싶었다.

그렇지만 내가 정말 궁금한 것은 그 너머에 있었다.

그는 어떻게 학대와 방치를 하지 않을 수 있었을까. 신체 구속이나 격리 같은 수단을 쓰지 않고 어떻게 한숨도 자지 않는 할머니와 함께할 수 있었을까.

터부에서 해방되다

"그런데 어떻게 때리지 않고 할머니와 계속 함께할 수 있었어?"

"실은, 스스로가 조금 무서워졌어요. 이대로는 위험하겠다 싶어서 도망쳤어요."

기회가 있을 때마다 직원들에게 당부하는 것이 있다. 어르신의 불면, 고성, 폭력 등과 맞닥뜨려서 제대로 대응하지 못하겠다 싶을 때는 반드시 다른 직원에게 도움을 구할 것. 야간뿐 아니라 주간에도 마찬가지다.

더 나아가 협력 체제가 제때를 맞추지 못해서 더 이상 못 버티겠다 싶으면 '도망쳐도 된다'고 이야기한다. 설령 고의가 아니라 해도 반사적으로 어르신을 넘어뜨리거나 하기 전에 도망쳐달라고. 육체의 한계가 얼마나 '무서운지' 의식하면서 일하길 바란다고. 최종 수단으로서 '도주'를 시설장의 책임으로 인정해주고 있다.

"할머니가 소리를 지르면서 이불에서 나오는 걸 보니까 짜증이 폭발할 것 같았어요. 그래서 하쓰 씨의 방으로 도망쳤습니다."

하쓰 씨는 97세의 할머니. 몸집이 작고 백발인데, 평소의 온화한 모습과 달리 심기가 언짢아지면 무슨 수를 써도 꼼짝하지 않는 고집쟁이다. 그는 하쓰 씨의 방으로 도망쳤던 것이다.

"하쓰 씨의 방 입구에서 바깥 상황을 살피는데, 어쩐지 등 뒤에서 시선이 느껴졌습니다. 돌아보니 하쓰 씨가 가만히 저를 보고 계셨어요."

깜짝 놀랐겠네, 하쓰 씨. 야심한 시간에 커다란 남자가 들어와서 몸을 숨기고 있었으니.

"하쓰 씨와 눈이 마주쳐서 가볍게 인사했어요. 그러니까 하쓰 씨가 어둠 속에서 싱긋 웃더니 이불자락을 들치면서 '들어올래?'라고 물어보시더라고요. 그게 저를 구해줬어요."

잠도 안 자고 계속 소리를 지르는 할머니를 때리지 않을 수 있었던 건 하쓰 씨 덕분이었다.

"그때 하쓰 씨가 '들어올래?'라고 말을 걸어주어서 기분이 바뀌었어요. 다시 정신 차리고 돌아갈 수 있었어요."

하쓰 씨는 노혼이 심각한 어르신이다. 그럼에도 깊은 밤 직원이 풍기는 심상치 않은 분위기를 눈치챘던 것이다. 하쓰 씨의 행동은 노혼과 아무런 관계가 없다. 하쓰 씨의 인품이 직원에게 손을 내민 것이다. 노혼이 있든 없든, 사람은 사람을 구한다. 직원은 그 사실을 깨달았다. 나는 그렇다고 생각한다.

아침 회의에서 중요한 것은 이처럼 말을 주고받으며 동료에게 이야기하는 시간이 아닐까. 그 이야기는 몸으로 경험한 '나'만 들려줄 수 있는 것이다. 말로 변환한 체감은 동료들이 지니고 있는 체감과 맞닿는다. 나라는 개인의 말이 동료 집단에 가닿는 순간인 것이다. 체감을 매개 삼은 보고를 매일 반복하면서 직원들의 의식은 집단화한다.

그리하여 그 직원은 무너질 뻔한 '나'를 어르신의 도움을 받아서 다시 일으켜 세웠다.

있는 그대로의 육성은 입 밖에 낼 수 없는 말들로 가득하다. 직업윤리상 바람직하지 않은 말밖에 없다.

"망할, 저 영감탱이가."

"아, 진짜. 작작 좀 하라고."

"아, 저 소리 듣기 싫어."

마음속의 군소리를 어르신에게 직접 말해버리면, 그건 금세 학대로 이어진다. 직원 한 사람 한 사람은 언제나 스스로를 싫어하게 만드는 육성과 악전고투를 벌이고 있다고 해도 지나치지 않다.

6장 '할머니'를 찾는 할머니

흥미로운 점은 어느 한 어르신 때문에 궁지에 몰려도 다른 어르신들에게서 도움을 받는다는 것이다. 그럴 때 어르신들과 우리의 관계가 수면 위로 드러난다.

돌봄 현장에서는 그런 관계에서 태어나는 '나'의 작은 붕괴와 소소한 재생이 끊임없이 반복된다. 내가 주목하는 것은 '나'의 붕괴가 어떻게 일어났고, 어떻게 재생할 수 있었는지, 혹은 어떻게 재생하지 못하고 끝났는지를 자신의 말로 이야기하는 것이다. 그런 과정의 배경에 있는, 어르신과 주고받은 구체적인 말과 행동을 알고 싶다.

아침 회의는 당직자가 체험한 일을 듣는 자리다. 그 회의는 배 속에 고인 위험한 육성을 다 같이 소화시키는 시간이자, 소소한 재생을 축복하는 자리이기도 하다.

재생하지 못했을 때는 집단으로 안타까워하고 위로한다. 그리고 웃으면서 날려버린다.

나 같은 시설장을 비롯한 현장의 리더는 솔선수범해서 '나'의 붕괴와 재생을 이야기함으로써 암묵적인 터부에서 현장을 해방해주는 존재라 할 수 있다.

사람을 죽인
할머니

"저, 아무래도 사람을 죽인 것 같아요."

생글생글 웃으면서 평온하게 할머니가 말했다.

"칼로 죽인 것 같아요."

"칼로, 그랬어요?"

나는 그렇게 되물을 수밖에 없었다. 옆에서 같이 이야기를 듣던 남편은 "그런 이야기는 지금 처음 들었어요."라며 눈을 둥글게 떴다.

"그런데 이상해요. 누구도 저한테 뭐라 하지 않네요."

할머니는 사람을 죽였음에도 불구하고 아무도 자신을 벌하지 않는다고 이상해했다.

"보통 사람을 죽이면 겁이 잔뜩 나거나 양심에 엄청난 가

책을 느낄 것 같은데, 할머니도 그러세요?"라고 물어보았다.

"아뇨, 그런 건 없어요."라며 싱긋 웃는 할머니. 그런 건 걱정 안 해도 된다는 듯한 가벼운 대답에 나도 모르게 "그거 다행이네요."라고 말해버렸다.

창작되는 '이야기'

애초에 할머니는 사람을 죽인 적이 없다. 이상하다고 여기는 건 할머니의 의식이고, 그에 대한 기억이 없는 몸은 안심하고 있는 모양이었다.

사람을 죽였다고 믿는 할머니에게 '사실은 그렇지 않아요.'라고 알려주고 싶었지만, 할머니가 납득할 것 같지는 않았다. 그렇다고 '사람을 죽이셨군요.'라고 할 수도 없었다. 부정도 긍정도 하지 않는 태도를 취하는 것 역시 어려웠다.

"음, 죽이지 않으셨다고 생각하는데요."

당신은 그런 짓을 할 사람이 아니라는 뉘앙스를 담아서 말해보았다

"그럴까요…"

할머니는 무거운 표정을 지었다. 사람을 죽였느냐, 안 죽였

느냐 하는 것보다도 앞뒤가 맞지 않는 상황에 괴로워하는 것처럼 보였다.

한동안 침묵이 이어졌다.

할머니가 상담을 청한 주된 이유는 '사람을 죽였다'가 아니라 '죽였는데도, 모두 나한테 친절하다'는 것이었다. 할머니에게는 너무 이상한 상황이었다. 자신을 벌하지 않는 이유를 알고 싶어했다.

어느 할아버지는 "출장에서 돌아오는 길에 휴게소에서 파는 인육을 먹었다."라고 고백했다. "보라색이라 섬뜩했다."라며 생생하게 이야기해서 듣는 나도 진짜인가 싶었다. 혈류가 나쁜 자신의 발을 가리키며 "아, 맞아, 이 색이었어."라고 해서 점점 오싹해졌다.

"혹시 몸의 어느 부위였나요?"라고 물어보자 "허벅지."라고 곧장 답했다.

나는 "거짓말이죠? 뭔가 착각하신 거죠?"라고 몇 번이나 물어보았다. 하지만 그때마다 "아냐, 아냐, 인육이었어."라고 꼬박꼬박 답해주었다.

"100명을 죽였다."라고 고백한 적도 있었다. 징병되지 않아 전쟁을 경험한 적 없는 할아버지가 오오카 쇼헤이의 소설 『들불』에 묘사된 것처럼 인육을 먹었을리도 없다.

그때도 할아버지는 "그만큼 사람을 죽였는데도, 이곳 사람들은 나에게 잘해준다."라고 참회하듯이 이야기했다.

또 다른 할머니는 "그 애는 제가 낳은 아이가 아니에요. 그 아이는 모르지만요."라고 사실인 것처럼 이야기했다. 할머니가 말한 '그 애'가 누구인지 우리는 짐작이 갔다.

할머니와 '그 애'는 얼굴 생김새는 물론이고 동작을 비롯해 고개를 기울이는 각도까지 똑같았다. 어떻게 봐도 할머니의 유전자가 진하게 이어졌다고 생각할 수밖에 없었다.

할머니가 하루를 마무리하기 직전 잠자리에서 중얼거리듯이 한 말이었다. 꿈이라도 꾸었는지, 돌고 도는 생각에서 튀어나왔는지. 무슨 생각을 했던 걸까.

어느 '이야기'에서도 '죄'에 관한 의식이 엿보인다. 어르신들은 단편적인 '기억'을 이어서 줄거리가 있는 '이야기'로 만들어내지 않았다. 완전히 새롭게 창작된 '이야기'였다. 그 이야기가 정말로 자신이 겪었던 일이라고 믿었다.

뇌는 어째서 밑도 끝도 없는 이야기를 만들어낼까? 눈앞에서 목격한 일을 계기로 뇌와 마음이 함께 이야기를 만들어내는 것 같기도 하다. 그런 현상은 일반적으로 '작화증作話症'이라고 불리는 병적 증상이겠지만, 나는 신기하게도 그런 이야기에 마음이 끌린다. 인생에서 단 한 번만 지어낼 수 있다고 해도 지나치지 않은 '이야기'에 매력을 느끼는 것이다.

살해당할 뻔한 하나코 씨

'이야기'라고 뭉뚱그려도 그 속에는 다양한 것들이 있다. 단편적 기억들을 붙여서 창작해낸 것. 지금 이곳의 풍경으로부터 지어낸 것. 현재 상황을 받아들이기 위해서 과거를 다시 만들어내는 것. 자신의 '말'에서 연상 게임처럼 이야기가 전개되는 것.

거의 모든 '이야기'의 공통점은 '그 순간 창작되어 다시 들을 수 없는 것'이다. '이야기'를 듣는 것은 즉흥극에 참가하는 것이나 마찬가지인데, 있지도 않은 사실에서 출발한 이야기가 진실 비슷한 것에 도달할 때면, 뭐라 표현할 수 없는 감동이 든다.

그리고 애초에 심각한 노쇠와 노혼이 있는 어르신의 '이야기'에서 시작되는 상담에는 '답'조차 필요가 없다.

"나는 슬슬 집에 돌아가렵니다. 역까지 데려다줄 수 있을까요? 어머니가 걱정하실 것 같은데요."

"시간이 많이 늦어서 오늘은 전철이 안 다닐 테니까 내일 아침 일찍 데려다드릴게요."

"아이고, 그런가요. 이미 막차가 지나갔군요. 그럼 할 수 없네."

"죄송합니다."

"그런데 역까지 데려다줄 수 있을까요?"

이런 식이다. 상담을 시작하는 시점에 이미 답이 나와 있고, 그러기 싫다고 떼를 쓸 여지조차 없다. 그래서 돌아가지 못할 집을 향해 둘이 함께 걷거나, 있지도 않은 아기에게 모유를 주는 걸 돕거나, 없어지지 않은 물건을 함께 찾거나 한다. 그 모습은 마치 둘이서 길을 헤매는 것이라고 해도 무방하다.

세간의 시선으로 보면 노인의 '이야기' 따위에 어울릴 여유는 없을 것이다. 있지도 않은 것에 어울려봤자 한 푼의 이익도 생겨나지 않으니까 말이다. 하지만 인간의 흥미로운 점과 만날 수는 있다.

시설 직원인 다로가 어느 날 정말 좋아하는 하나코 할머니를 비롯해 어르신 몇 분을 모시고 드라이브를 나갔다.

다로는 자신이 좋아하는 고지대까지 차를 몰았다. 도중에 사소한 문제가 있었지만, 소풍은 재미있었다.

그날 하나코 씨를 댁에 모셔다드리던 때의 일이다.

"하나코 씨, 내일 봬요."

다로는 손을 흔들며 작별 인사를 했다. 하나코 씨는 마중 나온 아들 부부의 뒤로 몸을 숨기며 속삭였다.

"저 남자야."

의심으로 가득한 목소리에 놀란 가족은 황급히 분위기를 수습하려 했다.

"어머니가 좋아하는 다로 씨잖아요."

"곧 알게 될 거야."라는 하나코 씨.

다로는 하나코 씨의 태도에 꽤 충격을 받았다. 신변의 위험을 느낀 하나코 씨가 가족에게 도움을 구하는 듯이 보였다. 말에서 마치 '저 남자가 범인이야.'라는 듯한 뉘앙스가 느껴졌다고 한다. "곧 알게 될 거야."라니 대체 무슨 뜻일까. 다로는 소풍을 출발할 때부터 집에 돌아갈 때까지 기억을 되짚으며 하나코 씨에게 무슨 일이 있었는지 복기했다. 그러다 '혹시, 그때 그 일 때문인가.'라는 생각이 번뜩였다.

그 일이란 한 할머니의 차멀미를 가리키는 것이다. 급한 커브가 연속되는 산길을 달렸는데, 조수석에 앉아 있던 할머니가 멀미로 토하고 말았다. 다로가 운전하면서 할머니를 돌볼 수는 없었다. 토한 할머니가 뒷자리에 앉은 직원 옆으로 자리를 옮겨야 했기에 하나코 씨가 자리를 양보하고 조수석에 앉게 되었다.

슬슬 하나코 씨의 집에 도착할 무렵이었다. 다로는 하나코 씨에게 '사탕'을 주고 싶었다. 신호등에서 멈춰 선 틈에 다로는 재빨리 포장지를 벗기고 '사탕'을 하나코 씨의 입에 넣으려 했다. 그때 다로는 느꼈다. 혀로 '사탕'을 밀어내는 하나코 씨의 저항을.

· 구토.
· 사탕.

다로는 그 두 가지가 수수께끼의 단서라는 걸 깨달았다. 실은 오늘 다른 할머니에게도 하나코 씨에게 했듯이 '사탕'을 먹였다. 그 할머니는 한 시간 뒤에 '구토'를 했다.

하나코 씨는 단기 기억력이 무척 약하다. 하지만 '사탕'과 '구토'가 기억에 깊이 새겨진 것 아닐까. 조수석에 앉았던 그 할머니는 '사탕'을 머금은 뒤에 '구토'했다고.

저 '사탕'은 '독'이야.

나도 마찬가지로 '저 남자' 때문에 '사탕'을 머금게 되었다. 갑자기 '구토한 할머니'가 떠올랐을 것이다. 입안으로 들어오는 '사탕'을 혀로 밀어냈다. 하지만 실패했다. 독이 돌면 나도 '구토'할 것이다.

"저 남자야."
"곧 알게 될 거야."

하나코 씨가 흘린 말의 의미를 다로는 그렇게 설명했다.

하나코 씨는 인상에 남은 일들을 관련짓고 독자적인 해석으로 다로가 독살범인 것처럼 '이야기'를 창작했다. 다로는 단편적 기억과 하나코 씨의 언동을 연결해 수수께끼를 풀었다. 어설픈 미스터리 소설보다 재미있었다.

더 흥미로운 점은 다로의 해석 역시 그의 '이야기'에 지나지 않는다는 사실이다. '진상'은 누구도 모른다.

이혼 조정과 유두와 네덜란드인

"인육을 먹었다."
"100명을 죽였어."

그렇게 고백한 할아버지는 '작화作話'의 명수였다. 수많은 작품 중에서 '이혼 조정' '유두' '네덜란드인'은 내가 정말 좋아하는 '이야기'들이다.

할아버지가 외출했다가 집에 돌아오지 못하거나 아내를 기억하지 못하는 일들이 계속되며 가족들은 지쳐 쓰러지기 직전이었다. 할아버지가 시설에 들어온 것은 새해를 맞이한 직후였다. 몇 번이나 집에 "돌려보내줘."라고 사정하며 돌아가려 했다. 우리는 할아버지와 함께 걸었다. 반년이나 지난 뒤에야 할아버지는 새로운 환경에 적응하기 시작했다.

그러던 차에 가족이 대거 면회를 왔다. 아내, 아들, 며느리, 손주들. 할아버지가 좋아했던 음식들을 가지고 왔다.

다 같이 음식을 먹으며 이야기를 나눴다. 오직 가족끼리 소박한 시간을 보냈다.

가족이 돌아가고 몇 시간 뒤의 일이다. 할아버지가 조용히 중얼거렸다.

"이거 원, 부끄럽지만, 실은 저 아내와 이혼 조정 중입니다."

나는 조용히 들었다. 할아버지는 한 마디 툭 내뱉고는 입을 다물었다.

이럴 때 무슨 말을 하면 좋을지 몰랐다. 면회하던 모습이나

아내 분의 이야기만 듣기로는 '이혼'을 하는 분위기는 아니었다. 할아버지가 지어낸 '이야기'였다. 그런데 어째서 '이혼 조정' 중이라 생각했을까?

면회를 마치고 혼자 남은 할아버지는 생각했다. '내게는 가족이 있다. 하지만 왜 나만 따로 살고 있는 걸까?' 앞뒤가 맞도록 떠올린 것이 '이혼 조정'이다. 아직 이혼한 것은 아니기 때문에 가끔씩 가족이 만나러 오지만, 함께 살 수는 없다고.

할아버지는 가족 돌봄이 한계에 봉착해 어쩔 수 없이 거주지를 바꾼 과정을 기억하지 못했다. 그래서 '이혼 조정'이라는 이야기를 만든 것 같았다.

가족과 떨어져 사는 이유를 스스로 만들어내서 현실을 받아들이려고 하는 할아버지를 보니 너무나 안타까웠다.

그래도 나는 '사모님에게 이혼할 생각은 없을 거예요. 괜찮아요.'라고 말하지 않았다. 싸구려 위로 같았기 때문이다.

혹시 이혼을 생각하는 사람은 할아버지인지도 몰랐다. 자신이 전혀 모르는 사이에 시설 입주가 정해졌고, 자신과 비슷한 처지의 사람들과 함께 생활하게 되었다. 그 과정에 할아버지의 의사는 전혀 반영되지 않았다. 할아버지는 성실하기 때문에 지금 새삼 '누구와 어디서 살아가는가.'라는 질문에 대해 생각하는 중이라고 말할 수도 있었다.

어느 쪽이든 기억이라는 단서가 없는 상황에서 고민 끝에 자기 나름대로 이해할 수 있는 이유를 찾아내는 힘, 그리고 과정은 어쨌든 결과로부터 현재를 받아들이고 앞으로 어떻게 살아갈 것인지 진지하게 고민하는 태도에는 압도되었다. 할아버지의 '이야기'에서는 일종의 강함이 느껴졌다.

나는 '이야기'를 기대하게 되었다. 다음에는 어떤 '이야기'를 들려줄까.

기대는 빗나가지 않았다. 할아버지는 내 앞에 바르게 앉자마자 눈물을 흘리며 호소했다.

"선생님, 알려주세요. 사실을 알려주세요."

"선생님요?"

이번에는 무슨 설정인 걸까.

"저는, 암인 겁니까? 사실을 알려주세요."

내가 의사고, 할아버지는 암 환자인 모양이었다.

"암에 걸리지 않으셨어요."

"거짓말이에요. 이걸 보세요. 이건 뭔가요?" 그러면서 할아버지는 셔츠를 위로 걷어 올려 유두를 보여주었다.

"그건 유두예요."

"실은 암인 거죠?"

"그건 유두고, 이건 유륜이라는 거예요." 나는 그렇게 말하면서 손가락으로 눌러 보였다. 그래도 할아버지는 물러서지 않았다.

"이것(유두)과 같은 게 등에도 있어요."라며 돌아서려 했다.

내가 "잘 조사해볼게요."라고 의사답게 말해서 그 건은 수습이 되었다.

계기는 주치의의 왕진이었다. 할아버지는 매우 건강해서 굳이 진찰할 필요가 없었기에 의사가 금방 돌아갔는데, 그 일이 '혹시 암에 걸린 걸까.'라는 의심으로 이어진 모양이었다.

그 '이야기' 역시 일과성이라 걱정할 일은 아니었다. 하지만 '이야기'를 하는 5분도 안 되는 시간 동안 당사자는 진지하기 그지없었다. 그런 반면 심각한 분위기는 전혀 없기도 했다. 그런 점 때문에 나는 점점 '이야기'의 시간을 좋아하게 되었다.

그리고 그날이 되었다. 할아버지가 한밤중에 네덜란드인과 만난 것이다. 할아버지는 내가 출근하길 기다렸다는 듯이 찾아왔다.

"나 원, 그 네덜란드인하고는 말이 안 통해."라면서 대수롭지 않다는 듯이 말했다.

네덜란드인?

참고로 시설에 있는 어르신 중에도, 직원 중에도 네덜란드인은 없다. 네덜란드인이 방문할 예정도 없었다. 아침 회의에서 당직자의 보고로 네덜란드인의 정체가 밝혀졌다.

"밤 9시가 넘었을 때였나? 할아버지가 저한테 미국인이 말하듯이 어색하게 '당신, 일본인, 입니까?'라고 말씀하셨어요."

당직자는 20대 여성.

"저도 모르게 할아버지를 따라서 '저, 일본인, 입니다.'라고 답했어요."

역시 젊은 직원은 센스가 좋다.

"그러니까 할아버지가 '이불, 이불, 잘래, 잘래.'라면서 손짓, 발짓을 하셨어요."

할아버지는 여성 직원을 네덜란드인으로 본 모양이었다. 그 직원은 키가 컸다. 그에 비해 할아버지는 키가 무척 작았다. 얼마나 작은지 세계대전 때 징병 검사도 통과하지 못했다. 그 덕분에 전쟁터에서 죽지 않았다. 마을에서는 비난을 받았다고 하지만.

그리고 당직자는 혈관이 보일 만큼 피부가 하얗다. 결정적인 건 갈색으로 염색한 머리카락.

할아버지는 검고 윤기 있는 머리카락이 미의 상징이었던 시대를 살아왔다. 그런 배경을 고려하면 그 직원은 할아버지의 눈에 일본인으로 보이지 않았을 것이다.

할아버지는 갈색 머리카락에 키가 큰 그 여성이 이불을 펴주었으면 했다. 혹시나 싶어서 일단 "당신, 일본인, 입니까?"라고 확인해보았다. 아니나 다를까, 여성은 일본어로 어색하게 말했다. 네덜란드인이 틀림없었다. 그래서 보디랭귀지를 사용해 이불을 펴달라고 했다.

이것이 나의 추측이었다. 만약에 이 추측이 사실이라고 해도 증명할 방법은 없다.

대단해요, 할아버지.
못 당하겠네요, 할아버지.

할아버지의 지적 행동력에 내 가슴은 두근거렸다.

엉뚱하게 짐작하거나 오인하는 등 잘못이 끝없이 이어졌다. 그래도 할아버지는 '여기에 네덜란드인이 있을 리 없다'는 선입견에서 출발하지 않고 당황하면서도 생각하고 행동했다. 그런 할아버지의 모습을 보니 '지적 능력'과 '살아가는 힘'의 관계를 다시 깊게 생각해보고 싶었다.

되살아난 어머니

사람을 죽였다는 할머니는 어째서 자신이 살인을 저질렀다고 믿게 된 것일까? 그에 대해 생각하려면 할머니와 우리의 관계를 짚어봐야 한다.

할머니와는 오랫동안 알고 지냈다. 할머니의 어머니는 노혼이 있었다. 어머니의 돌봄에 관해 상담한 것이 할머니와 만난 계기였다. 당시 할머니는 50대 후반이었다.

어머니는 수년 동안 요리아이를 이용한 끝에 천수를 다했다. 할머니와 우리는 어머니가 돌아가시는 길을 함께 배웅했다.

그 뒤로도 할머니는 우리를 물심양면으로 도와주었다. 어머니가 돌아가시고 20여 년이 지나 여든 살이 넘는 할머니가 되었다. 최근 몇 년 사이에 할머니의 건망증이 눈에 띄게 심해졌다. 주변 사람들의 걱정이 점점 심해지던 때, 할머니가 먼저 전화를 걸어왔다.

"저기, 나 인지저하증 진단 받았어. 그래도 아직 할 수 있는 일이 많으니까 요리아이에 다니면서 자원봉사를 하고 싶어."

"감사합니다. 당연히 그러셔도 되죠. 다들 기뻐할 거예요."
라고 나는 답했다.

통화를 끝내고 곰곰이 생각했다. 인지저하증은 듣자마자 불안에 떨어도 이상하지 않은 진단명이다. 하지만 할머니는 냉정하게 '미래의 일'을 모색했다. 할머니는 어머니를 돌보면서 '노쇠와 노혼의 세계'를 배운 것이다.

"어머니는 노혼을 겪고 있지만 꽃을 보고 아름답다고 느끼는 마음까지 잃지는 않으셨어요."라고 자주 이야기했다. 아무리 노혼이 심각해져도 주위의 대응에 따라서 얼마든지 '나'답게 살아갈 수 있다고. '노혼을 겁낼 필요는 없다'고 어머니가 직접 자신의 몸으로 알려주었고, 딸은 그 메시지를 굳게 믿는 것으로 보였다.

인지저하증 진단을 받은 80대 당사자가 직접 상담을 청한 것은 그때가 처음이었다. 20여 년 전 우리가 할머니의 어머니를 돌봤던 것이 오랜 시간 뒤에 다시금 높은 평가를 받았다고 생각할 수도 있다. 돌아가신 어머니의 존재가 할머니에게 내면화하여 그의 의지에 관여하는 것 같았다. 그렇게 생각하면 기쁜 동시에 마음을 다잡고 일해야 한다는 생각이 들었다.

우리 시설은 할머니에게 내 집처럼 훤히 알고 있는 타인의 집이었다. 할머니는 무탈하게 시설을 이용하기 시작했다.

얼마 지나지 않아 할머니가 전화를 걸어 생각지 못한 '상담'을 청했다.

7장 사람을 죽인 할머니

어머니가 아직 죽지 않았던 것이다. 아니, 정확히 말해서 할머니가 어머니를 되살려냈다.

"얼마 전에 성격 좋아 보이는 청년이 이야기를 들어주었는데."

성격 좋아 보이는 청년이란 지역포괄지원센터*의 직원이다. 할머니가 요양보험을 잘 이용하도록 방문했던 것이다.

"아직 절차가 모두 끝나지 않았는데 요리아이를 이용해도 괜찮을까요? 어머니가 폐를 끼치는 게 아닐까 싶어서."

"어머니?"

나는 치솟는 의문을 일단 도로 삼키고 생각했다. '어머니'란 20여 년 전에 함께 임종을 지켜본 할머니의 어머니를 뜻했다.

"최근에 노망이 나기 시작해서… 민폐 끼치지 않아요? 어머니는 즐겁게 다니는 것 같은데, 거기에서는 어떻게 지내세요?"

자신의 시설 이용이 어머니의 이용과 동기화해 있었다. '나'의 일이 어머니의 일이 되어 '이야기'가 펼쳐진 것이다.

"네, 어머니는 완전히 잘 적응하셨어요. 옛날 시를 좋아해서요. 종종 다 같이 즐겁게 시를 읊으세요."

---

* 고령층을 위한 전반적인 생활 지원을 하는 기관. 지역의 돌봄 거점으로서 당사자 또는 가족의 상담에 대응하며 돌봄, 의료, 학대 방지 등의 지원을 지속적으로 제공한다.

그렇게 말하는 사이에 내 머릿속에는 '당시'의 풍경이 선명하게 되살아났다. 어머니는 허리가 꼿꼿하고 기모노가 잘 어울리는 분이었다. 내 발을 강아지로 착각해서 "착하지, 이리온."이라며 쓰다듬는 손길에는 애정이 가득했다.

나도 할머니도 타임 슬립을 해서 '그때'의 상담을 재현했다. 둘이서 어머니를 되살려냈다. 그 시간 동안 우리는 너무나 기분 좋은 불가사의한 느낌에 감싸였다.

"그렇다면 다행이지만…. 어머니는 지금 어디에 계세요? 아, 죄송해요. 남편이 좀 바꿔달라네요."

"저기, 어머님이 살아 계신다면서 다른 말을 듣지 않아요. 내 말은 믿지 않으니까 무라세 씨가 '죽었다'고 말해주시면 안 될까요."

할머니의 남편은 난처해했다. 어머니가 살아 있다고 긍정해버리면 "지금 어디 계시냐?"는 질문에 시달리는 모양이었다. 나는 남편과 입을 맞추기로, 사실을 알리기로 합의했다.

"실은요. 어머님은 23년 전에 돌아가셨어요. 저희 시설에서 아슬아슬할 때까지 지내셨어요. '얼마 남지 않았으니까 집에서 보내드릴게요.'라고 하셔서 저랑 다른 직원 둘이 어머님을 끌어안고 댁으로… 그다음 날, 낮에 돌아가셨어요."

나는 횡설수설에 가깝게 사실을 이야기했다.

"맞다, 맞아. 분명히 어머니는 제가 임종을 지켰어요. 그럼 어머니는 죽은 거군요. 그리고 지금 요리아이를 이용하는 사람은 저고요. 맞다, 맞아. 성격 좋아 보이는 청년이 찾아왔어요."

할머니는 기억을 되짚고 바로잡으면서 자신을 타이르듯이 말했다. 나는 나아가 할머니가 무사히 사실에 도달할 수 있도록 한 번 더 강조했다.

"맞아요. 지금 요리아이를 이용하시는 분은 어머님이 아니라 따님이세요. 직원들이 기뻐하더라고요. 설거지를 해주신다면서요."

"아아, 그런가요. 다행이네요. 어머니도 즐거워하시는 모양이라…."

다시 어머니가 되살아났다. '나'의 이용이 어머니와 바뀌었다.

"그래서 어머니는 어디 계세요?"

"사실, 어머님은 23년 전에 돌아가셔서…."

이 대화를 끝없이 반복했다.

"더 이상 통화하면 무라세 씨한테 못할 짓이야."

참다못한 남편이 수화기 너머에서 끼어들어 말을 끊었고, 그대로 전화도 끊겼다.

내 마음속에는 말로 표현할 수 없는 감정이 소용돌이쳤다. 기쁨, 안타까움, 신기함, 흥미로움, 그리움, 사랑스러움… 긴장과 피로.

약동하는 지성

이튿날, 다시 전화가 걸려왔다.

"지금 요양보험 이용 절차를 밟고 있는데, 절차를 끝내기도 전에 시설을 이용해도 괜찮을까요? 요리아이가 유연하게 대응해주는 곳이라는 건 잘 알지만, 민폐가 아닐까 싶어서요."

오늘은 어머니의 '이야기'가 아니구나, 하며 안도했다. "아뇨, 괜찮아요."라고 답한 그 순간.

"어머니는 지금 어디에 계신가요? 어머니는 분명히 '죽었는데', 그 '죽은 어머니'까지 맡아주셔도 괜찮은 건가요?"

뭔가 이야기가 복잡해지기 시작했다.

"요리아이 안쪽에 어머니의 사진이 있고, 거기서는 돌아가신 분들을 추모하고 있는데. 어머니도 거기 계세요. 아무래도 저도 죽은 것 같은데, 어머니랑 함께 있어도 괜찮을까요?"

7장 사람을 죽인 할머니

점점 더 복잡해졌다.

"어머님은 23년 전에 돌아가셨어요."라고 알려주자 "그래요. 제가 임종을 지켰죠. 아무래도 저에게 죽은 어머니가 보이는 것 같아요."라고 할머니가 말했다.

나는 "남편 분과 저희 눈에는 안 보입니다만, '따님'을 걱정해서 어머니가 옆에 계셔주는 것 같네요."라고 했다.

"돌아가신 어머니가 주간 돌봄을 받아도 괜찮을까요?"라는 할머니.

"걱정하지 않으셔도 괜찮아요. 저희는 뭐든 하니까요. 잘 아시잖아요."

나는 대수롭지 않게 답했다.

"아아, 다행이다. 그래도 되는군요."

"그럼요. 괜찮아요."

그날 이야기는 그렇게 간단히 끝났다.

앞서 언급했던 사람을 죽였다는 '이야기'는 그로부터 며칠 뒤에 들은 것이다.

할머니가 사람을 죽이고 만 경위를 '이야기'로부터 다시 정리해보겠다.

- 절차가 끝나기도 전에 요리아이를 이용하는 나.
- 민폐를 끼치고 있는 나.
- 오래전의 어머니와 동기화하는 나.
- 다시금 확인하는 어머니의 죽음.
- 죽은 어머니와 죽은 나.
- 죽어서도 이용할 수 있는 요리아이.
- 칼로 사람을 죽인 듯한 나.
- 살인을 했는데 벌 받지 않는 나.
- 이래도 되는 걸까 걱정하는 나.

빙글빙글 맴도는 이 화제들에 감정이 얽히면서 '이야기'가 만들어지는 것 같았다.

반복되는 '어머니의 죽음'에 '나의 죽음'이 더해져서 '타인의 죽음'으로 심화하는지도 몰랐다. 반복되는 '죽음의 이야기'가 변화해서 '살인'에 도달한 것일 수도 있다. '이야기'의 원점으로 돌아가면 '제도적 절차가 끝나지 않았는데 요리아이를 이용하는 것에 대한 미안함'으로 귀결되었다.

할머니는 우리에게 돌봄 보수를 지불하지 않는 상황을 현실적으로 이해하고 있었다. 우리의 빠듯한 재정 사정을 알기 때문에 할머니가 더욱 죄책감을 느꼈는지도 모른다. 사소한 죄의식과 거듭 화제에 오른 죽음이 연결되어 '아무래도 사람을 죽였다'는 이야기를 만들어낸 것이 아닐까.

나의 추측은 그렇다. 만약 정말 그렇다면, 그것은 할머니가 너무 성실해서 만들어진 눈물 나는 '이야기'라 할 수 있다.

아무튼 내가 아무리 추리해도 진상은 안갯속에 있으며, 결과적으로 '알 수 없다'는 점이 '이야기'가 매력적인 이유다. 대체 진짜 '사실'이란 어디에 있을까.

새삼스레 '지성'이 해내는 심오한 활동에 감탄한다. 만들어진 '이야기'에 우리가 추측한 '이야기'가 중첩되는 것까지 모두 지성이 약동한 결과다.

사회생활에서 사실은 틀림없이 중요한 것이다. 하지만 노혼과 인지저하증의 증상인 '이야기'의 세계에서 사실인지 아닌지 여부에는 그리 큰 가치가 없다는 생각이 든다.

한 꺼풀 벗겨보면 '이야기'에는 지어낸 사람의 기쁨, 슬픔, 분노, 작은 죄의식 등이 숨어 있다. 그것은 그 사람의 '삶' 그 자체인 것이다. 그런 '이야기'에서는 사실보다 진실의 존재가 느껴진다.

그래서 나는 노혼이 있는 어르신이 들려주는 '이야기'가 갈수록 더 좋아지고 있다.

8장

생각에 잠긴
할아버지

서쪽 하늘로 해가 저물고 저녁노을이 살짝 남아 있지만 하늘은 점점 어둠에 휩싸여갔다.

저녁노을은 사람을 생각에 잠기게 한다. 어쩐지 쓸쓸한 기분이 들게 만든다. 할아버지는 저물녘이 되면 꼭 안절부절못했다.

할아버지가 생각에 잠겨서 감상적이고 조용해지는 것은 아니었다. 오히려 피도 눈물도 없이 '폭풍 전화'를 걸었다.

"저기, 통장이 없는데…"

통화는 언제나 이 대사로 시작되었는데, 수화기를 들기 전부터 우리의 대답도 정해져 있었다.

"저희가 맡고 있으니까 걱정 마세요."

"아아, 그래. 다행이네."

할아버지가 안심할 것 역시 이미 알고 있었다. 그처럼 미리 짠 대본 같은 대화에 우리가 휘둘리고 마는 이유는 내용이 아니라 횟수 때문이었다.

좀 전에 있었던 일을 기억하지 못하는 할아버지는 '전화했다'는 사실 자체를 잊어버려서 5분마다 전화를 걸었다.

"저기, 통장이 없는데…."
"저희가 맡고 있으니까 걱정 마세요."
"아아, 그래. 다행이네."

30초도 걸리지 않는 짧은 통화라 해도 그게 5분마다 반복되면 1시간에 12회가 된다. 그 정도는 할아버지에게 장단을 맞춰도 괜찮지 않느냐고 생각할 수 있겠지만, 저물녘은 주간 돌봄을 받은 어르신들을 댁에 돌려보내는 시간대라 할아버지의 전화가 심리적으로 큰 부담이 되었다. 직원 중에는 지나칠 만큼 꼼꼼하게 전화가 걸려온 횟수를 기록하는 사람도 있었다.

"오늘은 34회였습니다."라는 보고를 들으면 전화하는 할아버지도 할아버지지만, 횟수를 헤아리는 직원도 만만치 않아 보였다. 대충 계산해보면 할아버지가 2분마다 전화를 건 것인데, 저물녘에 의지할 곳이 없어서 혼란에 빠진 모양이었다.

생각에 잠긴 자유로운 영혼

우리가 할아버지의 통장을 관리할 수밖에 없게 된 것은 몇 달 전의 일 때문이었다.

할아버지는 일과처럼 우체국에 가서 "통장이 없어."라고 상담도 아니고 잡담도 아닌 이야기를 끝없이 반복했다. 우체국은 그런 할아버지에게 대응하는 데 지쳐 있었다. 그런 사태가 있다는 걸 우리도 파악했기 때문에 어떻게 지원하면 좋을지 고심했다.

통장 관리는 어르신 돌봄에서 입문 수준에 해당하지만 무척 고난도 문제이기도 하다. 가능하면 통장만은 맡고 싶지 않다. 개인의 재산을 사회적으로 지키는 제도도 있긴 하다. 하지만 할아버지는 제도를 이용하는 것은 물론이고, '계약'을 맺는 것에서부터 꽤나 고생하리라는 예감이 들었다.

일단 할아버지는 요리아이의 이용자가 아니라 우리를 도와주는 사람이었다. 우리의 지원을 받는 것은 할아버지가 전혀 상정하지 않은 일이었다.

할아버지는 어르신들의 식사를 만드는 자원봉사자였다. 아내의 병을 치료하기 위해 후쿠오카로 이사를 왔다고 했다. 아내가 세상을 떠나고 홀로 생활하는 것을 알게 된 민생위원이 할아버지에게 요리아이에서 자원봉사를 해보라고 권했다. 할아버지는 음식점을 운영했던 경험을 살려서 장어덮밥을 맛있게 만들어주곤 했다. 정확히 말하면, 장어덮밥밖에 만들지 않았다.

장어 요리 전문점을 운영하기 전에는 도쿄에 있는 유명 백화점에서 일했다고 했다. 아이디어맨으로 여러 기획을 성공시켜서 꽤나 사장의 신임을 받았다고.

백화점에서 자신이 기획한 장어 페스티벌을 계기로 '장어'의 매력에 홀려서 직접 가게를 차리고 요리를 했다. 그 일화를 듣기만 해도 할아버지가 얼마나 자유로운 영혼을 지녔는지 알 수 있었다.

할아버지의 그런 성향이 더욱 잘 드러나는 일화는 바로 '세계 여행'이었다. 결혼하여 가족이 있음에도 불구하고 훌쩍 여행을 떠났다고 했다. 그것도 상습적으로.

할아버지는 요리아이에서 봉사를 하는 날마다 여행의 추억을 들려주었다. 우리는 그 이야기를 듣는 것이 습관이 되었다.

"소장, 나홋카라는 곳 알아? 블라디보스토크로 소련에 들어가서 시베리아 철도를 타고…" 늘 그런 식으로 이야기를 시작했던 할아버지의 말투가 내 기억에 선명하게 새겨져 있다. 소장이란 나를 가리키는 것으로 할아버지는 반드시라고 해도 무방할 만큼 "소장"이라고 부르며 이야기를 시작했다.

할아버지가 자원봉사를 한 지 10년이 지났을 무렵, 음식을 만드는 데 변화가 일어나기 시작했다. 가스 불을 켠 채로 두고, 수도도 잠그지 않았다. 직원이 슬며시 돕지 않으면 조리가 제대로 진행되지 않았다.

시장에서 사 온 장어를 현관 주차장에 놔두어서 개가 전부 먹어치웠다고 추측되는 사건도 일어났지만, 진상은 아직도 불명이다. 자원봉사를 하는 날을 잊어버리거나 예정이 없던 날 찾아오기도 했다.

괜찮으신 건가? 이런 의문이 걱정으로 바뀐 것은 새벽 6시에 와서 맡기지도 않은 식칼을 "맡겼다"라며 고집을 부린 날이었다.

정작 당사자는 요리가 어려워지고 있다는 자각이 없어서 늘 유쾌하게 부엌에 섰다. 자원봉사로 우리에게 이바지한다는 기쁨이 생생하게 느껴졌다. 그런 할아버지가 과연 우리의 지원을 받아들일까.

정상과 이상의 틈새에서 살아갈 수는 없을까

주간 돌봄을 받으러 집 근처 시설을 피해서 굳이 옆 동네로 간다. 과거에는 그렇게 돌봄시설을 이용하는 사람이 많았다.

노쇠와 병 때문에 생긴 신체장애를 남들에게 보여주기 싫었던 것이다. 특히 아무런 부자유도 없었던 과거의 '나'를 아는 사람에게.

우리는 그런 심리를 배려해서 돌봄시설의 차량임을 모르도록 송영에 쓰는 차량에 시설명을 인쇄하지 않았다.

주간 돌봄 서비스를 견학하러 오는 사람이 있을 때는 첫인상에 신경 쓴다.

주간 돌봄을 받으러 모이는 어르신들 중에는 발음은 명료하게 해도 의미 모를 말을 즐겁게 하거나 크게 소리 지르거나 기이한 소리를 내는 사람도 있다.

처음 견학을 온 어르신은 일단 그 광경을 보고 당황한다. 여기에 다니면 '나'도 저들 중 한 사람이 된다는 것을 실감한다. 그게 부끄럽다고 느낄 때, 슬픔이 차오른다.

그런 사람이 적지 않다. 아니, 오히려 많은 편이다.

이 사회에는 지적장애를 바보 같다고 깔보는 태도가 두껍게 깔려 있고, 우리에게도 뼛속까지 스며들어 있다. 여러 세대에 걸쳐 길러진 편견과 차별의 시선으로 자신을 보았을 때, 견딜 수 없는 슬픔이 '나'에게 생겨난다.

설령 내면에 편견이 없다고 해도 '잃어버림'에는 슬픔이 깃들게 마련이다. 그래서 나는 노쇠하는 과정에서 두 가지 슬픔이 생긴다고 생각한다. 잃어버리는 것 자체에서 생겨나는 상실의 슬픔, 그리고 '할 줄 아는 사람'에서 '할 수 없는 사람'으로 변해가는 자신을 긍정할 수 없어 생기는 슬픔이다.

한편, 전혀 슬퍼하지 않는 사람도 있다. 생각에 잠긴 할아버지는 그런 슬픔을 쓸모없게 만드는 사람 같았다. 당사자가 되어도 자신을 가엾게 여기는 일은 없지 않을까.

할아버지의 시선은 자신이 만든 밥을 맛있게 먹는 어르신들에게 향해 있었다. 모두 함께 밥을 먹으며 자신의 세계 여행 무용담을 상대가 듣든 말든 상관하지 않고 이야기하는 할아버지에게서는 티끌만큼도 편견이 느껴지지 않았다.

듣는 이를 개의치 않고 계속 이야기하는 일방적인 태도는 오히려 상대방에게 들어도 그만 안 들어도 그만이라는 자유를 준다. 그런 자유로운 느낌은 정상과 이상의 경계를 애매하게 만들기도 하고 입장을 역전시키기도 한다. 할아버지와 우리는 그런 자리를 만들어왔다.

다행히 할아버지에게는 요리가 점점 어려워지고 있다는 자각이 없었다. 직원이 슬쩍 도우면 밥은 완성되었고, 날짜를 착각해서 다른 날 찾아와 요리를 해도 우리가 회계 장부를 잘 맞추면 아무 문제가 없었다. 그런 식으로 할아버지의 자원봉사는 계속될 수 있었다.

당면한 문제는 '통장'이었다. 본래는 성년후견제도*를 이용하는 게 적절했다. 하지만 절차를 밟기 전에 벽과 맞닥뜨렸다. '계약'을 맺을 의사의 '유무'였다.

일본의 성년후견제도는 '결정후견'과 '임의후견'으로 구성된다. '결정후견'은 이미 '판단력이 불충분해졌다'고 인정되는 사람이 대상이다.

'임의후견'은 판단력이 있을 때 미리 자신을 도와줄 후견인을 선임해두고, 도움을 받고 싶은 부분을 계획하여 계약을 맺는 것을 가리킨다. 그 절차에는 당사자의 명확한 의사에 따른 선택이 필요하다.

어쨌든 할아버지에게는 혼자 살면서 자원봉사를 열심히 하고 있다는 자기상이 있었다. 타인의 손을 빌려야 하는 이유가 애초에 없는 것이다.

그런 사람에게 성년후견제도를 이용하도록 설득하려니 뒤가 켕겼다. 병원에 가서 진단서를 받자는 것은 오죽하겠는가.

"슬슬 가사 지원을 받는 게 어떠세요?"

방이 너무 더러워서 그렇게 제안해본 적이 있다.

---

* 질병·장애·고령 등으로 판단력 등이 저하된 사람이 계속 주체적인 인생을 살아갈 수 있도록 재산 관리, 계약 보조 등으로 지원해주는 제도를 가리킨다. 세부 내용은 다르지만 한국에도 일본과 마찬가지로 성년후견제도가 있다.

할아버지는 다음처럼 답했다.

"소장, 그런 거에 기대면 노망들어."

아뇨, 그 노망이 바로 코앞까지 왔다고요. 관점에 따라서는 이미 시작되어 있었다. 나아가 할아버지는 이렇게 말했다.

"소장, 나는 말이야. 노망 안 들어. 노망들지 않는 체조를 하거든. 보라고."

똑바로 서서 등을 쭉 펴고 양손을 왼쪽, 오른쪽, 위, 아래 각각 반대 방향으로 움직였다. 이를 악물고 운동 속도를 올리는 할아버지의 모습에 뭐라 말하면 좋을지 몰랐다. 단 하나 말할 수 있는 것은 그 체조에 예방 효과는 없으리라는 것이었다.

할아버지의 생활은 미묘하게 잘못 짐작하는 판단력, 그리고 '할 수 없는 일'도 '할 수 있다'고 믿는 착각 덕분에 이뤄지고 있었다. 그런 섬세한 균형을 무너뜨리지 않고 할아버지의 생활에 끼어들 수 없을까 고민했다. 정상과 이상 사이에서도 분별력이 살아 있었기 때문이다.

'불충분해진 판단력'도 아니고, '명확한 판단력'도 아닌, 그 사이에서 계속 살아갈 수는 없을까. 할아버지에게 들키지 않고 몰래 지원할 방법은 없을까. 스텔스 전투기처럼 할아버지의 생활에 숨어들어서는 안 되는 걸까.

"소장, 부탁이 있는데… 통장 말이야. 맡아주면 안 될까?"

그런 날은 갑자기 저쪽에서 먼저 우리에게 찾아왔다.

계약이냐, 신뢰냐

"성년후견제도라고 아세요?"

"소장, 그게 뭐야?"

이러쿵저러쿵, 쑥덕쑥덕. 할아버지의 권리와 재산을 지켜주는 제도라고 설명했다.

"소장, 알았다. 잘 알았어. 그건 그렇고, 소장. 소장이 맡아줄 거지?"

아시는 게 아니잖아요. 애초에 이야기도 듣지 않았다. 아니, 듣는다 해도 이해하기 어려울 것이다. 모르기 때문에 믿음에 의지하려는 것이었다.

임의후견을 활용하길 권했지만 내가 후견인이 되는 것에는 망설였다. 한 인간의, 그것도 잘 아는 사람의 권리와 재산을 지키는 일에는 무거운 책임이 뒤따랐다.

할아버지는 계약이 아니라 신뢰를 원했다. 하지만 그 '믿음'에 부응할 자신감이 내게는 없었던 것이다. 아무튼 마음은 도망치고 싶었다.

일단 성년후견제도는 보류하고 차분히 대응하기로 했다. 할아버지는 통장을 내게 맡기고 싶다고 했다. 제도를 활용하고 싶지는 않다는 걸 대화하는 과정에서 충분히 알았다. 오히려 제도를 이야기하면 노골적으로 싫어하는 표정을 짓기까지 했다. 가사 지원을 이용하라고 했던 때와 거의 같은 반응이었다. 할아버지에게 '계약'을 맺을 생각이 없다는 것은 명백했다.

그렇다고 해서 내가 개인적으로 맡을 수는 없는 노릇이었다. 나로 말하면 셋집을 전전하며 한곳에 정착하는 것도 못하는, 어딘가 떠돌이 같은 구석이 있는 사람이었다. 후견인이 되기에는 내 미래조차 불안했던 것이다.

그렇다면 요리아이의 책임자가 맡는 것으로 하면 어떨까. 내가 퇴직해도 후임자가 이어받으니 책임이 한결 가볍다. 하지만 제도상 후견인을 조직적으로 맡으려면 모체가 되는 법인의 검토가 필요하다. 그러려면 시간이 꽤 걸릴 듯했다.

서둘러야 하는 사정이 있었다. 행정기관과도 상담했지만 손쓸 방법이 없었다.

제도적 절차나 법인의 논의를 기다릴 필요가 없는, 통장을 맡는 개인이 무거운 책임을 혼자 지지 않아도 되는, 거기에 할아버지의 재산도 지킬 수 있는, 그처럼 편리하고 좋은 방법은 없을까.

나는 할아버지의 통장을 요리아이의 책임자로서 맡기로 했다. 부정한 짓을 하지 못하도록 내가 직접 돈에 손을 댈 수는 없게 했다. 시설 직원이 출납 담당이 되어 관리했다.

그와 더불어 요리아이 내에서 부정이 일어나지 않도록 지역의 NPO 법인 대표와 다른 돌봄 시설의 관리자에게 감사를 부탁했다. 달마다 소액 현금과 통장 잔고를 대조해달라고 해서 관리의 투명성을 높였다.

복지 활동을 이념으로 삼는 각각의 조직에 비밀 유지 의무와 사회적 역할이 있기에 그에 기초해서 할아버지와 계약을 맺지 않고 금전적인 보수도 요구하지 않았다. 이거라면 할아버지의 '신뢰'에 부응할 수 있다고 생각했다.

무엇보다도 내가 원했던 '홀가분함'을 얻을 수 있었다. 한 사람이 책임을 전부 지지 않고 앞으로도 할아버지와 함께할 수 있는 방법이었다.

이 방법은 할아버지가 정말로 성년후견제도를 이용해야 할 시기가 오기 전까지 어디까지나 관계자들의 '넓은 오지랖'으로 이뤄지는 것이었다.

"소장, 통장이 없어."는 이런 경위로 시작된 것이다.

이 말을 하루의 시작과 끝인 '아침' '저녁'으로 들었다. 어째서인지 아침에는 전화를 걸지 않고, 자전거를 타고 직접 찾아왔다.

현관을 열자마자 "소장 있어?"라는 소리가 들린다. 내가 얼굴을 내밀면 "아, 소장. 통장이 없어."라고 말한다. 그 뒤는 전화와 같은 흐름으로 끝난다.

"저희가 맡고 있어요."

"아아, 그래. 다행이네."

그렇게 대화가 끝나자마자 할아버지는 통장이 없어져 안절부절못하는 사람에서 장어덮밥을 만드는 자원봉사자로 변모한다. 처음부터 그러려고 왔다는 듯이 "자, 오늘은 뭘 먹고 싶어?"라고 묻는 것이다. 먹고 싶은 걸 묻는 사람치고는 부엌에 들어가려고 하지 않았다. 그리고 어르신들 사이에 끼어들어 과자를 먹고 차를 마시는 게 아닌가. 자칫하면 솔선해서 어르신들과 함께 합창을 할 기세였다.

할아버지에게 밥을 지을 생각이 없음을 눈치챈 직원이 점심밥을 만드는 처지가 되었지만, 할아버지는 그 밥을 맛있게 먹었다.

"어때? 입에는 맞아?"라는 등 다른 사람들에게 묻는 걸 보면 아무래도 자기가 만들었다고 착각하는 모양이었다. 할아

버지는 사람들에게 "다음에는 뭘 먹고 싶어?"라고 물어보고
는 집에 돌아갔다.

그리고 집에 도착하면 "소장, 통장이 없어."라고 전화를 걸
어왔다.

투명 돌봄

아침저녁의 통장 찾기는 꾸준히 계속되었다. 우리에게 고
생스러운 것은 저녁의 전화였다. 할아버지가 생각에 잠기지
않을 방법은 없을까.

"식사 자원봉사를 하시는 할아버님 말인데… 요즘 저녁 때
전화하시는 게 좀 심해졌어요. 2분마다 전화를 거실 때도 있
거든요. 그래서 말인데, 할아버지가 전화를 거시기 전에 누
군가 방문해서 무슨 이야기든 좀 들어주는 걸 해보면 어떨까
요."

지역 주민, 돌봄 시설 관계자들이 모이는 자리에서 그렇게
이야기를 꺼냈다. 두세 사람이 조를 이뤄 돌아가면서 할아버
지의 댁을 방문해보자고 정리되었다. 자택 방문조가 결성된

것이다.

역시 다른 사람들과 논의해보는 게 정답이었다. 방문의 효과는 즉각 나타났다. 요리아이로 전화가 걸려오지 않았던 것이다. 집에 찾아오는 사람들을 맞이하느라 할아버지는 전화를 걸 수 없었다.

할아버지는 신나서 세계 여행 이야기를 들려주었다. 서비스 정신을 발휘해 시베리아 횡단철도, 스웨덴의 진보적인 성문화, 로마의 도둑 등 여행지에서 겪은 일화를 재미있고 우습게 들려주었다. 방문조를 대접하는 데 정신이 없어서 통장 같은 건 신경도 쓰지 않았다.

그렇지만 댁을 방문하면서 이런저런 것들이 눈에 띄기 시작했다. 그중에서도 방이 어찌나 더러운지 말문이 막힐 지경이었다. 발바닥이 새카매지기 때문에 방문하는 사람마다 청소를 하고 싶어했다. 할아버지를 위해서가 아니라 우리의 양말을 위해서.

방문조에 속한 사람들은 청소조까지 결성하자고 목소리를 높였지만, 할아버지가 사양했다.

"아니, 그런 것까지 해주면 면목이 없어."

"방이 너무 더러워서 양말이 새카매진다고요!"라고는 아무래도 말할 수 없었다.

게다가 더러운 것은 집 안만이 아니었다. 속옷의 누런 때가 예사롭지 않았다. 아무래도 목욕을 하지 않는 모양이었다. 여름철에는 속옷 차림을 거리낌 없이 노출하기 때문에 보지 않으려고 해도 눈에 들어왔다.

은근슬쩍 목욕 이야기를 꺼내면 "잘하고 있어."라고 답했다. '뭐 문제라도 있어?'라고 묻는 듯한 뉘앙스가 담긴 천진한 답이 돌아오는데 그 이상 파고들 수는 없었다. 목욕조도 결성해야 한다는 의견이 나오기 시작했다.

할아버지에게는 문제가 아니었던 일들이 타인의 개입으로 문제가 되어갔다.

한번은 집단으로 무력 행사에 나선 적도 있다.

넌지시 청소를 제안해봐도 거절만 당해서 미리 알리지 않고 다 같이 직접 호소하려고 시도한 것이다. 방문조는 봉기한 농민들처럼 걸레, 바구니, 빗자루, 쓰레받기 등 청소 도구를 가지고 할아버지의 아파트 앞에 모였다.

현관 앞에 모여서 초인종을 눌렀다. 안에서는 아무런 반응도 없었다. 할아버지가 외출할 때 반드시 쓰는 자전거가 주차장에 있었기 때문에 집에 있는 건 분명했다.

혹시 쓰러져 있는 걸까 불안하기도 해서 초인종과 더불어 전화도 계속 걸었다. 초인종에 휴대전화까지 끈질기게 시도

했지만 모두 헛수고로 끝났다. 30분을 버티다 결국 안부 확인 담당을 남기고 해산했다.

할아버지가 푹 주무셨다는 사실이 나중에 밝혀졌다. 모두 한마음으로 안도했지만, 방문조가 꾀한 '기습 청소 사건'은 다행히 미수에 그쳤다. 뭐, 그것도 시간을 들여 관계를 쌓았기에 할 수 있었던 일이지만.

역시 우리의 '참견'은 무색무취로 가장한 채 할아버지의 생활에 서서히 스며드는 편이 좋다는 생각이 들었다.

'우리'는 포기하지 않고 청소를 다시 계획했다. 욕심내서 할아버지를 목욕시킬 계획에도 몰두했다. 계획은 다음과 같았다.

1. 일단, 돌봄 시설의 직원들이 할아버지를 온천센터로 유도한다. (목욕조 결성)
2. 목욕조는 방문조가 집에 찾아갔을 때 할아버지를 모시러 간다.
3. 방문조는 집을 지키고 있겠다며 밝은 미소로 할아버지를 배웅한다.
4. 할아버지가 집에서 나가면 청소 시작. 대청소는 하지 않는다. 바닥을 닦기만 하면 된다. 양말이 더러워지지 않으

면 그만이다.

5. 온천을 만끽한 뒤 목욕조가 할아버지를 모시고 돌아온
    다. 방문조는 반갑게 맞이한다.

온천센터에서도 할아버지는 생기가 넘쳤다. 젊은이들과
함께 욕조에 몸을 담그고는 역시나 '세계 여행' 이야기를 시
작했다.

"뭐라 해도 목욕탕이 가장 충실했던 곳은 아프리카였어."
"진짜요?"

젊은이 중 한 명이 깜짝 놀랐다. 그저 믿기 어려운 이야기
에 다들 의아한 표정을 지었다.

시련은 그 뒤에 찾아왔다. '세계 여행' 이야기가 좀처럼 끝
나지 않은 것이다. 끝나기는커녕 반복되었다. 너무 오래 탕에
들어가 있었던 젊은이들이 한 사람, 한 사람 나가떨어졌다.
할아버지가 몸을 씻은 것을 잊고 몇 번이나 씻는 바람에 목욕
시간이 예상을 훌쩍 뛰어넘었다.

결국 몇몇의 희생(목욕조 두 사람이 어지럼증 호소) 덕분
에 할아버지의 목욕과 방 청소를 해낼 수 있었다.

이제 양말이 더러워지기 시작하면 할아버지를 온천센터로

데려가는 패턴이 완성되었다. 젊은이들은 아직도 "목욕을 마치고 마신 우유 맛이 잊히지 않는다."라고 말한다.

아침의 통장 찾기는 여전히 일과로 남았다.

매일 요리아이에 찾아오자마자 시작하던 "소장, 통장이 없어."라는 대사는 할아버지의 노쇠가 진행될수록 조금씩 변형되었다. 그리고 현재 상황과 과거의 추억이 뒤섞여 만들어지는 할아버지의 '이야기'는 깜짝 놀랄 만큼 재미있고, 무척이나 슬펐다.

반복되는 통장

딸랑, 하는 소리가 들려서 현관문을 열었다.

"소장, 통장이 없어."

"저희가 맡고 있어요."

"아아, 그래. 다행이다."

인사 같은 대화가 몇 개월 동안 이어졌다. 비틀비틀 자전거에 타서 핸들을 좌우로 꺾으며 페달을 밟는 할아버지를 거리에서 발견하면 저러다 교통사고가 나지 않을까 걱정되었다. 하지만 통장 찾기를 그만둘 낌새는 없었다.

할아버지를 진정시킬 시도를 해야 할까. 판단을 내리기 어려웠다. 왜냐하면 할아버지가 묘하게 안정되어 있었기 때문이다.

눈을 뜨면 통장을 찾는다. 자전거로 요리아이에 간다. 통장을 확인한다. 안심하고 다른 사람들과 어울린다. 밥을 먹고 돌아간다. 이런 반복되는 일상이 습관으로 되면서 안정을 찾았는지, 전처럼 파랗게 질려서 통장을 찾으러 오는 느낌이 들지 않았다. 할아버지에게 긴장감이 없었기에 우리도 일상처럼 대응했다.

어느 날의 일이다.

평소처럼 딸랑, 하는 소리가 울려서 현관문을 열었다. 할아버지는 내 얼굴을 보자마자 "소장!"이라며 크게 불렀다. 그 직후, 할아버지의 표정에 당혹스러움이 슬쩍 떠올랐다.

"통, 장, 이…"라며 자신의 말을 확인하듯이 천천히 발음했다.

"…이… 있어."

할아버지는 데자뷔라도 느낀 것 같았다.

자신이 "소장, 통장이 없어."라고 말하고 내가 "저희가 맡고 있어요."라고 답하는 광경이 할아버지의 뇌리에 떠오른 것이 틀림없었다. 그 장면에서 통장이 '여기'에 '있다'고 안 것이다. '생각해냈다'고 할 수는 없을 듯했다.

그날을 기점으로 통장의 행방을 묻는 일이 줄어들었다.

거의 1년이 걸려서 할아버지는 통장의 위치를 기억한 모양이었다. 그래도 할아버지는 요리아이로 왔다. 자전거를 비틀비틀 몰아서.

할아버지의 일과는 통장 찾기에서 다른 사람들과 어울리는 것, 그리고 점심 식사를 함께하는 것으로 변화했다.

"그러고 보니까, 더 이상 통장 얘기를 안 하시네."

직원들 사이에서 그런 이야기가 나오기 시작했다. 어르신들이 혼란에 빠지는 경우는 대충 이런 방식으로 수습될 때가 많다.

"그러고 보니까 집에 돌아간다고 안 하시네."

"그러고 보니까 소리치는 횟수가 줄었네."

"그러고 보니까 오줌, 오줌이라고 안 하시네."

이런 느낌으로 진정되는 것이다.

애초에 할아버지는 혼란에 빠졌던 것일까. 통장이 눈에 보이지 않으면 필사적으로 찾는 게 당연하다. 평소에 믿는 사람과 상담하고 어떻게든 하려는 것도 마찬가지다.

할아버지가 혼란스러워한다고 여겼던 이유는 통장을 맡긴 사실을 떠올리지 못하고 흠집 난 레코드판 위에 바늘을 놓았을 때처럼 같은 대사를 반복했기 때문이었다.

그처럼 무한한 반복에 빠졌다는 사실을 할아버지 자신은 깨닫지 못했다. 하지만 뭔가 이상하다는 정체 모를 느낌이 할아버지의 몸에 남기는 했던 모양이다.

실제로 할아버지는 종종 "이상하다니까. 나는 어떻게 살아가는 걸까? 통장도 없는데."라고 말했다.

통장 분실은 할아버지에게 큰일이었지만, 찾는 게 고생스럽지는 않았다. 오히려 통장 찾기에 고생하는 쪽은 우리였다. 우리 사회의 체제에는 반복되는 통장 찾기에 어울릴 수 있는 여유가 포함되어 있지 않기 때문이다. 그래서 지장이 생겨나는 것이다. 그런 지장의 원인을 전부 '어르신이 혼란에 빠졌기 때문이다.'라고 받아들임으로써 '우리의 문제'를 외면해왔다.

할아버지의 반복된 행동은 사회에서 보면 시스템을 방해하는 버그 같은 것에 불과하다. 그래서 사회는 프로그램에서 버그를 제거하고 수정하는 데 힘을 쏟는다.

내가 생각하는 여유란, 어르신의 '반복'에 함께 어우러지는 것이다.

· 반복되는 '집에 보내줘.'
· 반복되는 '우와아아!'

• 반복되는 '화장실 갈래.'

이것들에 함께 어우러져본다. 그건 양자가 '반복'을 키워보는 것이나 마찬가지다. 시간을 주면 '반복'은 점점 성숙된다. 어르신도 우리도 '반복'에 익숙해진다.

반복으로 가득했던 시간은 그에 대응한 집단 속에 쌓인다. 사회에서 보면 지장의 원인에 불과한 '혼란'과 '버그'를 없애지 않고 집단이 직접 그릇이 되어 받아들이고 품어준다면 시간에 따라 분해될 수 있다.

분해된 '것'들은 축적되어 그릇을 이룬다. 그릇이 만들어진다. 그런 축적의 과정을 '집단의 지성'이라고 해도 된다고 나는 생각한다.

할아버지의 통장 찾기가 자취를 감추고 얼마 지나지 않은 때였다.

다른 어르신들과 즐겁게 어울리던 할아버지가 나를 보고는 놀랐다. '맞다!'라며 무릎을 치듯이 일어나서는 내 쪽으로 걸어왔다.

"맞다, 맞아, 소장! 통장! 통장!"

'통장이 없다'고도 하지 않고 '있다'고도 하지 않으며 다가왔다. 그저 계속 "통장"이라고만 했다.

아무래도 내 얼굴을 보고 '통장'만 떠올린 듯했다.

"통장이라면 있어요."라고 일단 답해주었다.

"그건 나도 알아."라고 말한 할아버지는 다시 어르신들에게 돌아갔다. 마치 아무 일도 없었다는 듯이.

자살 지망

할아버지는 완전히 시설에서 지내는 어르신들의 일원이 되었다. 자신이 밥을 만드는 자원봉사자라는 건 개의치 않는 모양으로 어르신들과 함께 장난을 쳤다.

나로 말하면, 할아버지를 요양보험 이용자로 할지 말지를 두고 고민했다. 맘대로 찾아왔다 맘대로 돌아가는 할아버지를 이용자라고 부를 수 있을까. 할아버지는 무척 자연스럽게 요리아이를 다녔다.

돌봄시설을 운영하는 사람으로서는 할아버지가 빨리 요양보험 이용자로 인정을 받아 돌봄 보수를 받는 편이 좋았다. 그런 사정과는 반대로 나는 할아버지의 자연스러움이 어떤 미래로 나아갈지 계속 지켜보고 싶기도 했다.

그렇지만 식사를 이곳에서 하시니 식비는 받아도 좋지 않을까.

'식비 주세요.'

이 말이 목구멍을 통과해 혀 위까지 오르기는 했다. 하지만 할아버지를 향해 토해낼 수가 없었다. 할아버지는 10년 넘게 무상으로 우리에게 밥을 만들어준 사람이었다.

돈과 제도에 관해서는 일단 잊기로 했다. 할아버지가 과연 지금껏 쌓아온 인간관계만으로도 살아갈 수 있을까. 요즘처럼 각박한 세상에서 그런 일이 가능할지 알고 싶었다.

계약과 제도에서 멀어지기로 마음먹은 우리는 할아버지에게 어떤 사람이 되는 걸까. 스스로에게 물어보고 싶었다.

그런 일들을 생각하던 때였다. 할아버지가 모두 모여 있는 거실에서 터무니없는 말을 입에 담았다.

"이봐, 소장. 나 자살을 생각하고 있어."

"네? 자살요?"

"응, 자살."

확실히 할아버지에게는 말로 다 표현할 수 없는 사정이 있었다. 실제로 아무리 한탄해도 모자란 사정이 있었던 것이다.

"소장, 내가 이렇게 된 건 아무리 생각해도 내 탓만은 아닌 것 같아."

나는 할아버지가 무슨 말을 하고 싶은지 절절할 만큼 알았다. 그렇게 말하고 싶은 마음을 억누르고 침묵을 지켰다.

국가는 한 인간의 고난에 더욱 가까이 다가가야 한다고 생각한다.

행정부는 한 인간의 생활고를 해소하기 위해 제도를 어떻게 운용할지 더욱 지혜를 짜내야 한다. 최소한 담당자가 "큰일이네요."라고 한 마디만 해줘도 나을 것이다.

당사자의 가족 역시 돌봄 문제를 통해서 '우리 사회의 현재 상태'를 외면하지 않고, 과연 이래도 괜찮을까 자문해보면 좋을 것이다.

나는 그렇게 할아버지의 말을 마음대로 번역해서 들었다.

"그러니까 소장, 나는 사회에 실컷 불편을 끼치고 죽을 거야."

"네? 근데 어떤 방법으로 죽으시려고요?"라고 물었다.

"그게 말이야. 전철에 뛰어들 거야, 소장."

"혹시 실패하면 어떡하실 거예요? 심하게 다치고 몸에도 장애가 남아서 사회에 불편을 끼치는 건 고사하고 배상금을 엄청 물어줘야 할지도 몰라요."

"괜찮아. 연습 잘할 거야, 소장."

"연습이라니, 어떻게요?"

"뭐냐면, 소장, 돗자리 있지? 그거에 뭔가를 얹어서, 그러니까 이불이라든지, 아무튼 이렇게 둘둘 마는 거야. 사람 모양으로."

할아버지는 손짓발짓으로 설명하며 돗자리를 둥글게 마는 흉내까지 냈다.

"그리고 저쪽에서 전철이 오면 말이야. 타이밍을 맞춰서 그 돗자리를 말이지. 휙 던지는 거야, 소장."

"그러면 자살하기 전에 범죄자가 되어버리는데요."

거실에 모인 어르신들도 그건 안 된다고 목소리를 높였다.

"그런가? 소장, 실은 말이지. 방법이 하나 더 있어."

"어떤 방법요?"

"소장, 한국으로 가는 배를 타는 거야. 그리고 한국과 일본 사이에 있는 바다에 뛰어드는 거야. 아무도 모르게."

"그러면 아무에게도 불편을 끼치지 않는 건데요."라는 나.

"소장, 다른 사람한테 폐를 끼치면 안 되지."라는 할아버지.

"네? 처음에는 사회에 불편을 끼치면서 죽겠다고 하셨잖아요. 그렇죠?"라고 어르신들에게도 물어보았다. 그러자 다들 "맞아. 분명히 그렇게 말했어."라고 나를 도와주었다.

나는 "그럼 할아버지가 어떻게 죽어야 사회에 불편을 끼칠 수 있는지를 다 함께 생각해볼까요."라고 제안했다.

내 말에 할아버지는 "소장, 다른 사람한테 폐 끼치면 안 되는 거야."라고 타일렀다.

어느 할머니가 입을 열었다.

"이봐, 정말로 다른 사람한테 폐를 끼치기 싫으면, 자살을 안 하면 돼. 아하하하."라며 웃었다.

"그런가? 우히히히."라고 할아버지도 웃었다.

할아버지는 밥을 먹고, 다 같이 노래를 부르고, 자전거를 타고 돌아갔다. 할아버지가 사라진 거실에서 할머니가 말했다.

"저 사람은, 못 죽어."

북극과 오카야마에 있는 우체국

자살에 관한 이야기는 그때뿐이었고, 그 뒤로는 낌새조차 보이지 않았다.

흥미롭게도 통장 찾기만은 방식을 바꾸면서 미묘하게 계속되었다.

할아버지는 통장의 행방을 타인에게 물어보지 않았다. 혼자서 찾고, 혼자서 발견했다. 그 과정에 있었던 의문스럽고 신기한 경험을 이야기로 들려주었다.

"소장, 지금 오카야마에 갔다가 돌아온 참이야."

할아버지는 그렇게 말하며 현관에서 신발을 벗었다.

"오카야마라니, 지금요?"

시계를 보니 시침은 오전 10시를 가리키고 있었다.

"소장, 그렇다니까."

"거기는 또 왜요?"

"그게 신기한 일이 다 있다니까. 소장, 통장이 없어서 말이야. 실은 파리에서 잃어버렸어. 그걸 오카야마의 우체국에서 찾았대. 아까 연락이 와서 가지러 다녀왔어."

할아버지는 동네 편의점이라도 다녀온 느낌으로 말했다.

"오카야마까지 뭘 타고 가셨어요?"

"자전거지, 소장."

"네? 자전거! 시간이 얼마나 걸렸어요?"

"그게, 쉬엄쉬엄 갔거든. 한 시간 정도였을까."

참고로 후쿠오카의 하카타역에서 오카야마까지 걸리는 시간은 고속철도 신칸센으로 빠르면 약 1시간 40분. 느려도 3시간 20분이다. 할아버지는 고속철도보다도 빠르게 이동한 것이다. 대충 계산해보면 아침 6~7시에 집에서 출발해 오카야마의 우체국에서 통장을 수령한 다음 후쿠오카로 돌아와 요리아이로 왔다는 말이었다.

"피곤하지 않으세요? 신칸센보다도 빨리 이동하셨을지 모르겠어요."라고 물어보니 "소장, 나는 자전거를 잘 타잖아. 별로 대단한 일도 아냐."라고 했다.

"신칸센보다도 빨리 이동하셨을지 모르겠어요."라는 내 말은 할아버지에게 어떻게 들렸을까. 할아버지의 답으로 짐작해볼 수는 없었다.

그 뒤에도 할아버지는 전 세계 여기저기에서 통장을 잃어버렸다.

이탈리아의 로마, 독일의 본, 영국의 런던, 스웨덴의 스톡홀름 정도는 머릿속의 지도로 어디인지 헤아릴 수 있었다. 하지만 키이우, 트리폴리, 러크나우까지 가니 더 이상 추적이 불가능했다. "마다가스카르에서 통장이 사라졌어."라고 했을 때는 세계 여행도 정도가 있다고 생각했다.

할아버지의 세계 여행에 대한 추억과 통장 찾기가 동기화되기 시작했다.

"소장, 북극에 우체국이 있는 거 알아?"

"북국에 우체국이라니, 우리나라 우체국이 북극에 있다는 말씀이세요?"

"맞아, 신기한 일이 다 있다니까. 북극에 우체국이 있다니."

마침내 할아버지는 북극까지 여행을 갔고, 그곳에서 통장을 잃어버렸다. 그 우체국에 분실 신고서를 제출했다고 한다.

"그런데 말이야, 소장. 그 통장을 오카야마에서 찾았대. 신기한 일이야. 나는 여기저기에서 통장을 잃어버리는데, 전부 오카야마에서 발견된다니까."

자신이 창조한 '이야기'를 자신이 신기해하는 모습이 내게는 신기했다. 꿈이라도 꾼 것일까. 꿈치고는 일관되게 같은 스토리가 반복되었다. 나라가 바뀌긴 했다만. 통장 찾기의 출발점은 세계 각국의 도시였어도 도착점은 항상 오카야마의 우체국이었다.

오카야마는 할아버지의 소중한 따님이 시집을 간 곳이었다.

따님은 어쩔 수 없는 이유가 있어서 자신의 아버지와 연락을 취할 수 없었다. 나는 그런 사정을 알았지만, 따님이 간청해서 할아버지에게는 입을 다물었다. 그 부탁은 틀림없는 따님의 애정이었다.

그렇지만 할아버지에게는 사랑하는 딸과 연락이 두절된 상태일 뿐이었다. 얼마나 많은 걱정을 했을까. 그래도 할아버지가 딸에 관해 이야기한 적은 없었다. 내게도 따님의 이야기는 건드려서는 안 되는 터부가 되었기에 입에 담지 않았다.

할아버지에게 딸은 통장이 되었고, 통장은 딸이 되었다.

침수와 열사병

할아버지는 언제까지 혼자 생활할 수 있을까. 한여름의 태양은 할아버지를 비틀거리게 했다.

어느 날, 한 통의 전화가 나를 몰아붙였다. 부동산 업자의 전화였다.

할아버지의 방에서 물이 대량으로 흘러나왔는지 아래층까지 새었다는 것이다. 1층에 있는 펫 숍은 천장과 벽 등 실내의 상태가 특히 심각하다고 했다. 가장 성가신 문제는 에어컨이 고장 나는 바람에 그날 밤 펫 숍이 맡고 있던 개가 열사병으로 죽어버린 것이었다. 내 등은 식은땀으로 흠뻑 젖었다.

일단 원인을 찾으러 갔다. 물이 샌 곳은 화장실이었다. 바닥이 침수 상태였다.

변기 물탱크의 뚜껑이 부자연스럽게 얹혀 있었다. 탱크가 가득 차면 물이 잠겨야 하는데 제대로 작동하지 않은 듯했다. 탱크 속을 보니 사람이 만진 흔적이 있었다. 같은 일이 일어나지 않도록 탱크 주위를 정비한 다음 펫 숍에 사죄하러 갔다.

펫 숍 사장은 타오르는 불꽃처럼 화냈다. 내가 누구인지 등은 전혀 개의치 않았다. 나는 고개를 계속 조아리는 것만으로도 벅찼다.

가게의 실내는 물론이고, 죽어버린 손님의 개는 어떡할 셈이냐고 성냈다. 내가 그때 어떻게 답했는지는 잘 기억나지 않는다. 사장의 끝없는 분노에 큰 충격을 받았기 때문일 것이다.

그렇지만 심각하게 상처를 입지는 않았다. 나에겐 지금 남 일처럼 사과한다는 자각이 있었다. 생각해보면 침수를 일으킨 사람은 내가 아니었다. 당사자가 품어야 할 죄책감이 내게 없는 것도 당연했다.

오히려 할아버지를 대신해서 고개를 조아리는 와중에 사장의 언동이 좀 이상하게 느껴지기 시작했다. "죽은 개는 어떻게 할 거야?"라고 묻는 것치고는 "배상해."라고 하지 않았다. 정말로 개가 죽은 걸까. 연신 고개를 숙이면서도 '의문'을 품을 여유가 있었다.

화내다가 지친 걸까. 사장의 목소리가 점점 차분해졌다. 그리고 전혀 생각지 못한 이야기를 시작했다.

"사실 펫 숍은 항상 눈치를 봐야 해요. 짓는 소리가 시끄럽다, 우는 것 좀 어떻게 해라, 동물 냄새가 난다. 주위에서 온갖 클레임이 들어오는 통에 맨날 사과해야 해요. 그런데 2층에 사시는 할아버지만은 아무런 말씀도 안 해서 안심하고 있었어요. 그래서 앞으로도 할아버지가 계속 사시는 게 저도 좋아요."

그 이야기를 듣고 방금 전 의문을 품었던 걸 반성했다. 펫숍 사장도 개와 고양이 대신 계속 사죄했던 것이다. 나와 같은 입장이었다.

할아버지는 청력이 많이 떨어졌다. 그래서 동물 소리가 들리지 않았을 것이다.

할아버지의 방에서는 펫 숍과 다른 각별한 '냄새'가 난다. 그러니 개와 고양이의 냄새도 신경 쓰이지 않았을 것이다.

이유가 무엇이든 할아버지는 펫 숍의 좋은 이웃이었다는 것을 알았다.

할아버지에게 여름은 갈수록 최대의 난관이 되었다. 할아버지가 시설에 오지 않아서 직원에게 모셔 오라고 한 적도 있었다.

모시러 간 직원에게 전화가 왔다.

"할아버지가 뻗어 계세요. 의식도 있고 잠이 덜 깬 것 같기도 한데, 탈수인지도 모르겠어요. 일단 모시고 돌아갈게요."라고 보고했다.

시설에 온 할아버지는 열사병 직전이었다. 준비한 음료를 "맛있어!"라고 기뻐하면서 전부 마셨다. 이 상태라면 병원 신세를 질 필요는 없을 듯했다.

그렇지만 그대로 집에 돌려보낼 수는 없었다. 제대로 먹고 마셔서 상태가 좋아질 때까지 시설에서 지내게 했다.

자택에서 상태를 살펴본 직원에게 물어보니 할아버지는 요리아이로 가는 것에 저항했다고 한다.

"의식이 좀 몽롱했는지도 모르겠어요. 데리러 왔다고 해도 무슨 말인지 잘 모르는 눈치셨어요. 이대로는 아무것도 안 되겠다 싶어서 할아버지를 안고 나가려 했어요."

"잠깐 기다려!" "잠깐 기다려!"

할아버지는 그렇게 소리쳤다 한다.

그래도 직원 두 명이 달라붙어 할아버지를 데리고 나가려 했다.

"저스트 어 모먼트Just a moment!" "저스트 어 모먼트!"

할아버지는 영어로 외쳤다.

직원은 "아마 말이 통하지 않아서 일본어로 '잠깐 기다려!'

라고 해봤자 소용없다고 생각하셨나 봐요. 여행 중에 강도에게 공격받은 줄 아셨는지도 모르겠어요."라고 했다.

할아버지는 생각보다 빠르게 회복했다.

"누가 여기로 끌고 왔어."

"나는 그래달라고 부탁한 기억이 없는데."

"애초에 냉장고가 두 개 있는 건 이상해."

그처럼 위협적인 태도를 보이는 할아버지는 처음이었다. 맥락이 통하는 이야기도, 그렇지 않은 이야기도 기운 넘치게 이야기하는 모습을 확인하고 일찌감치 돌려보냈다.

유연과 무연 사이에서

한여름의 탈수 소동은 할아버지가 더 이상 혼자 생활하기 어렵다고 알려주는 것 같았다.

그렇지만 가을로 접어들면서 할아버지는 활기를 되찾았다. 다시 자전거에 올라타 거리를 오가는 모습이 눈에 띄었다. 안장에 앉지 않고 서서 페달을 밟으며 비틀비틀 나아가는 할아버지를 보면 차라리 내려서 자전거를 미는 게 나을 듯싶었다.

이른 아침, 상점가에 있는 자전거 가게의 셔터를 억지로 열려고 하는 할아버지를 목격했다. 나는 허둥지둥 차를 세우고 가게의 셔터를 들어 올리려고 하는 할아버지에게 말을 걸었다.

"안녕하세요. 왜 그러세요?"

"아아, 소장. 마침 잘 만났어. 자전거가 사라졌어. 여기에 있나 싶어서."

있을 리가 없다고 생각했지만, 일단 "저도 찾아볼게요."라고 약속하고 할아버지를 집까지 데려주었다. 자전거 주차장을 살펴보니 할아버지의 자전거가 있었다. 역시 할아버지가 착각한 것이다.

그 외에도 신경 쓰이는 것이 있었다. 현관에 있는 우산들. 편의점 등에서 파는 투명한 비닐우산이었는데, 세어보니 18개였다. 너무 많았다. 자신의 우산이라고 착각해서 남의 것을 가져온 게 아닐까 의심이 되었다.

더더욱 신경 쓰이는 것도 있었다. 침대 옆의 테이블에 놓여 있는 마이클 잭슨의 「스릴러」 25주년 기념 한정판 CD(DVD 포함)였다. DVD는 물론이고 CD 플레이어도 없는 할아버지가 왜 DVD 부록이 있는 마이클 잭슨의 CD를 갖고 있을까. 마이클 잭슨의 팬이라고는 도저히 생각할 수 없었다. 할아버지가 CD를 구입해서 '듣는 것' 자체가 믿기지 않았다.

생각해보면 할아버지의 1인 생활이 지속될 수 있었던 이유는 주위에 친척이 없었기 때문이다. 혹시 가족과 함께 살았다면 할아버지의 행동에 마음을 졸이다 시설로 입주시켰을지도 모른다.

얄궂은 이야기지만, 할아버지에게 깊은 관심을 기울이지 않는 도시의 인간관계 덕분에 할아버지는 사회에서 배제되지 않을 수 있었다. 설령 열정적인 자치활동이 이뤄진다 해도, 감상적인 온정으로 감시가 시작되면 단숨에 시설 입소가 진행되기도 한다.

할아버지는 그러한 배제의 그물에서 운 좋게 빠져나가 거리를 둥실둥실 떠다니는 것처럼 보였다.

사람은 무연無緣, 즉 관계가 없는 덕에 도움을 받기도 한다. 우리 전문가는 무연과 유연有緣 사이에서 활동한다.

어느 여름날, 할아버지의 호흡과 맥박이 빠르게 약해졌다. 이대로 가면 할아버지가 죽어버릴지도 몰랐다. 본심을 말하면, 할아버지의 목숨을 자연의 섭리에 맡긴 채 지켜봐드리고 싶었다. 내가 아들이었다면 그렇게 했다.

구급차를 부를까, 부르지 말까. 우리는 때로 그런 선택을 내려야 한다.

어떤 전조도 없이 눈앞에서 어르신이 심폐 정지를 했을

때, 일단 소생술을 시도하고 구급차를 부르는 건 당연한 일이다. 하지만 할아버지의 몸은 그러기를 바라고 있을까. 망설이고 또 망설이게 된다. 할아버지의 몸과 마음이라면 미래가 어떻게 되든 전부 그때그때 상황이 흘러가는 대로 따르지 않을까 하는 생각도 든다.

나는 의사의 지시에 따라서 구급차를 불렀다.

어느 할머니의 돌연사가 떠올랐다. 쓰러지는 것과 동시에 의식도 잃었다. 맥박도 뛰지 않았다. 현장에 있었던 여성 직원은 곧장 소생술을 시도하려 했다. 양팔을 똑바로 펴고 할머니의 가슴에 손을 댔다. 두드러진 갈비뼈가 손바닥에 닿았다. 달걀 껍데기 같은 뼈. 가느다란 뼈와 가죽이 얇은 앞가슴. 살짝 압력을 가하기만 해도 소리가 나는 관절.

잠들어 있는 듯 편안한 표정이었다. 그 얼굴을 본 순간 소생술을 시도할 수가 없었다. 여성 직원은 그렇게 말하며 큰 소리로 울었다.

소생술을 할지 말지 선택하기에 앞서 '할 수 없었던 것'이라고 생각한다. 그는 왜 소생술을 할 수 없었을까. 기술이 부족했기 때문은 아니었다.

아마도 그 직원은 할머니의 몸에 두려움 같은 것을 느끼지 않았을까.

나는 구급차에 올라타서 함께 병원으로 갔다. 구급차에서는 최선을 다해 소생술이 이뤄졌다. 할아버지는 호흡을 되찾았지만, 선명한 의식이 돌아오지는 않았다.

정밀 검사 끝에 목에 암이 있는 것을 알았다. 할아버지는 그 뒤로 몇 주를 더 살았다. 그 사이에 소식이 끊겼던 남동생과 연락이 닿았다. 남동생은 할아버지를 만나러 달려왔다. 오랜만에 가족끼리 오붓한 시간을 보냈다.

오래 살고 싶다고 생각하게 되었습니다.

나이 들며 약해지는 것을 체감하고 싶기 때문입니다. 그 과정에 있는 슬픔도 기쁨도 깊이 맛보고 싶습니다. 몸은 어떻게 변화할까요. 그럴 때 세계는 어떻게 느껴질까요. 이윽고 나는 죽겠지요. '나'라는 집착에서 해방되는 것은 어떤 느낌일까요. 그리고 몸속의 에너지를 모두 불태우고 죽는 모습을 영혼으로 느껴보고 싶습니다.

화장은 피하고 싶습니다. 푸른 잎이 우거진 깊은 산속에 묻히면 좋겠습니다. 곤충과 미생물에 몸을 맡기고 분해되고 싶습니다. 그러면 나는 다른 사람에게 먹힐 것입니다. 내 육체는 내장을 통해서 나를 먹은 몸의 생명이 되고, 대부분은 똥으로 대지에 돌아갑니다.

지금까지 수많은 어르신의 배설과 함께해왔으니 똥이 되는 경험을 해보는 것도 재미있겠습니다. 하늘과 땅, 그리고 살아 있는 것들이 틀림없이 내 죽음을 축복해줄 것입니다. 그런 망상에 젖곤 합니다.

충격적인 광경을 목격한 적이 있습니다. 차를 운전하는데 까마귀 무리가 눈에 들어왔습니다. 까마귀 예닐곱 마리가 광란에 빠진 듯 흥분해 있었습니다. 오가는 자동차들을 아랑곳하지 않고 무언가를 서로 빼앗으려 했습니다.

무언가란 작은 새끼 고양이였습니다. 차에 치여 즉사한 모양이었습니다. 까마귀들이 들러붙어 고기를 쪼고 있었습니다. 머리가 깨지고 내장이 튀어나온 새끼 고양이의 몸은 까마귀들이 이리저리 잡아당기는 바람에 마치 춤을 추는 듯했습니다.

무척 잔혹한 광경이었습니다. 그와 동시에 저는 '구원'을 느꼈습니다.

까마귀들은 죽은 새끼 고양이를 그대로 방치하지 않았습니다. 까마귀들은 사체를 피해 지나치는 인간을 곁눈질하며 앞다투어 자신의 위장에 새끼 고양이를 받아들였습니다. 혼자 죽은 고양이를 까마귀들이 감싸준다는 생각이 들었습니다. 생명은 사체도 그냥 내버려두지 않는 것입니다.

모든 생명은 먹히고 배설됩니다. 그 과정 속에 '나'는 살아 있습니다. '먹고 배설하는 것'만으로 존재해도 괜찮다고 생각합니다. 돌봄은 그 과정을 마지막까지 돕는 일입니다.

오늘날, 돌봄은 직업으로서 인기가 없습니다. 힘든 일이라는 인상만이 두드러져 있습니다. 확실히 처우, 임금, 노동 환경 등에는 개선이 필요합니다. 하지만 그것만이 아니라 돌봄의 심오한 부분에 가닿을 수 있다면 많은 사람들이 더욱 편하게 살아갈 수 있으리라 생각합니다. 이 책이 조금이나마 그런 일에 보탬이 된다면 다행이겠습니다.

원고를 쓰며 몇 번이나 멈춰 섰지만, 편집자인 시라이시 마사아키 씨 덕분에 마지막까지 써낼 수 있었습니다. 감사합니다. 또한 시대의 파도에 휩쓸리지 않고 책을 출판하는 이카쿠 쇼인医学書院에도 감사를 전합니다.

2022년 6월

무라세 다카오

돌봄, 동기화, 자유
자유를 빼앗지 않는 돌봄이 가능할까

초판 1쇄 발행 2024년 3월 11일
초판 3쇄 발행 2024년 9월 30일

지은이 무라세 다카오
옮긴이 김영현
펴낸이 김효근
책임편집 김남희
펴낸곳 다다서재
등록 제2023-000115호(2019년 4월 29일)
전화 031-923-7414
팩스 031-919-7414
메일 book@dadalibro.com
인스타그램 @dada_libro

한국어판 ⓒ 다다서재 2024
ISBN 979-11-91716-29-0 03330